败经·挺经
——看智者久立不败之术

曾国藩 著
杜 刚 译解

中国书籍出版社
China Book Press

图书在版编目（CIP）数据

败经·挺经：看智者久立不败之术 /（清）曾国藩著；杜刚译解. -- 北京：中国书籍出版社，2015.1

（曾国藩全集精粹典藏本）

ISBN 978-7-5068-3363-9

Ⅰ. ①败… Ⅱ. ①曾… ②杜… Ⅲ. ①曾国藩（1811～1872）—谋略 Ⅳ. ① K827=52

中国版本图书馆 CIP 数据核字 (2013) 第 021288 号

败经·挺经——看智者久立不败之术

曾国藩 著　杜刚 译解

策划编辑	武　斌
责任编辑	刘洁琼　成晓春
特约编辑	陈　娟　李明才
责任印制	孙马飞　马　芝
封面设计	北京天元晟然文化发展有限公司
出版发行	中国书籍出版社
地　　址	北京市丰台区三路居路 97 号（邮编：100073）
电　　话	（010）52257143（总编室）　（010）52257140（发行部）
电子邮箱	chinabp@vip.sina.com
经　　销	全国新华书店
印　　刷	三河市汇鑫印务有限公司
开　　本	710 毫米 ×1000 毫米　1/16
字　　数	300 千字
印　　张	13
版　　次	2015 年 1 月第 1 版　2015 年 1 月第 1 次印刷
书　　号	ISBN 978-7-5068-3363-9
定　　价	29.80 元

版权所有　翻印必究

总 序

曾国藩是影响最大的晚清人物之一，他靠镇压太平天国起义起家，是清朝的"救命恩人"；他整顿湘军，使湘军将帅廉勇，军纪严明，成为一支骁勇善战的军队；他"匡救时弊"、整顿政风，倡导学习西方文化，发起洋务运动，使晚清出现了"同治中兴"；他克己唯严，标榜道德，崇尚气节，身体力行，获得了许多人的拥戴；他的学问文章兼收并蓄，博大精深，是近代大儒，"其著作为任何政治家所必读"；他以自己的独特经历和行为，成就了儒家的修身、齐家、治国、平天下目标和立功、立德、立言"三不朽"事业，甚至有人称其为"中华千古完人"。

曾国藩当然不是什么"中华千古完人"，其武功德行也由于时势的律动呈现出复杂的效应。但不可否认的是，曾国藩一生言行，的确体现了高超的智慧，值得后人认真总结，细致玩味。近年来，曾国藩论著的流行，正是这种需求的有力印证。作为对曾国藩思想智慧的分类展示，我们精心编选了《曾国藩全集精粹典藏本》，书系包括了《曾国藩家书·家训：看先贤如何齐家》《冰鉴·日记：看领导者如何识人、修身》《败经·挺经：看智者久立不败之术》《曾国藩奏折：看名臣如何上书》《曾国藩用兵谋略：看勇者如何带兵》以及《曾国藩诗文集：看学者笔下生花》，集结了曾国藩智慧的精华部分。

《曾国藩家书家训》整理并收录了《家书》七篇和《家训》五篇，全书行文从容镇定，形式自由，在平淡家常中蕴含真知良言，具有极强的说服力和感召力。

《冰鉴·日记》整理并收录了《冰鉴》七篇和《日记》八篇。《冰鉴》全面深入地剖析了辨貌、观行、识人的要领,可帮助人们在纷繁复杂的人际交往中分辨人的品格、能力和德操,在现代社会仍有借鉴意义。曾国藩一生坚持写日记,在日记中他记录自己的行为、反思自己的过错、检讨自己的得失,其中所体现的严于律己的精神是其取得功绩的秘诀之一。

《败经·挺经》整理并收录了《败经》十八篇和《挺经》十八篇。《败经》是一部具有实用价值的析败致胜的佳作,其内容包括曾国藩一生对"败"的深刻理解与感悟。《挺经》乃曾国藩对自己一生成功经验和失败教训的全面总结,言简意赅地表达了曾国藩成就事业的要旨、心得。

《曾国藩奏折》整理并收录了曾国藩生前的奏折数十篇。全书体现了晚清时期大臣与君王之间的微妙关系,将曾国藩在险恶政治环境中的生存智慧清晰地呈现在读者面前。

《曾国藩用兵谋略》是曾国藩对自己治军思想的高度总结,阐发了诸如军事上如何选用人才、如何对待将领、如何进行改革等许多道理,对现代读者的人生、工作、事业同样有着宝贵的借鉴意义。

《曾国藩诗文集》分为文集和诗集两部分。曾国藩一生留下了大量的文章、诗歌,后世文章大家梁启超对曾国藩的文章大加称赞,说单就文章而言,曾国藩也"可以入文苑传"。本书选取了曾氏的诗文代表作,让读者得以领略这位晚清名臣的文字造诣和文学修养。

阅读《曾国藩全集精粹典藏本》,可以让我们全方位地认识曾国藩、了解曾国藩,领略曾国藩的智慧与学识,进而通过曾国藩形象地感受中国传统文化的精彩与局限。

前 言

在清代汉籍大臣中,曾国藩是一个彪炳青史的神秘人物,既建立功业于当时,又留传盛名于后世。近百年来,他受到了无数英雄人物的顶礼膜拜。要想了解这个谜一样的人物,那么《败经》与《挺经》是最好的钥匙。

《败经》是曾国藩近乎一生时间对于"败"的深刻理解与刻骨铭心的感悟。对他自己来说,当太平军兴,朝廷弹压乏术,他受命办湘军出师就战,可谓是屡战屡败。咸丰四年四月靖港之战,十二月湖口之战,均让他痛心到想自杀。至咸丰十年,他已领兵多日,然祁门之危,他也差点儿自杀。在一次次的失败与危机中,他总结出了诸多败中取胜、败中求胜的经验。到了晚年,他战战兢兢,时时以权位太尊为虑,自动解除兵权,最终得以寿考。不难看出,那份如履薄冰的心境,是吸取了历史上成大事者功大不赏、兔死狗烹的失败教训。这正是他何以历经千挫百折,一生涉危蹈险,却永立不败的玄机所在,正如他所言:"吾生平长进,全在受挫辱之时。"

而《挺经》则是曾国藩的人生经验与成功心得,是曾国藩修身处世、居官治平的最高法则。在《挺经》中,我们可以看到曾国藩凭借一个"挺"字在困厄中求得出路,在苦难中求得挺实,历尽波折,以坚韧挺劲的无畏精神才成就了"天下之大功":他潜心治学励志,使其享誉士林;他投笔从戎,奏陈时弊,敢于直面现实,获得了"中兴名臣"的美誉;也正是因为他顺应世界,首倡洋务,而为中国揭开了近代化的序幕……

一、万事万物，本为最大

曾国藩云"悠悠万事，修本为大。正心养德，励志自强，居贫穷而养其心，处危难而志不移，忧虞之际，赴汤蹈火，报国复邦，建功立业。此所谓本，本固则胜，忘本必败。"这是曾国藩《败经》中的一大思想之一，也就是说，万事胜败只取决于本，取决于实质根源。根枯枝干必然会凋零；源头污浊，水流也必然浑浊；方向错了，结果肯定会不尽人意。只有抓住了本，才能够万事强盛。

二、咬牙励志、蓄气长志

除了"本说"外，曾国藩在《败经》中还说："吃一堑长一智。吾生平长进全在受挫受辱之时。务须咬牙励志，蓄其气而长其智，切不可恭然自馁也。"在曾国藩看来，那些心怀大信仰的人，会秉着大义正道，胸襟也必然广阔，在遭遇险阻时，便更能激起其励志之心，更能让其养精蓄锐、固本魂魄、提升智慧、铸就成功。

三、君子应当懂得藏锋

曾国藩在《挺经》一书中写出了大巧若拙，大辩若讷乃是藏锋的最高境界，在他看来，"君子得时则大行，不得时则龙蛇。"这是人际关系中最为重要的一点。"凡民有血气之性，则翘然而思有以上人。恶卑而就高，恶贫而觊富，恶寂寂而思赫赫之名。此世人之恒情。而凡民之中有君子人者，率常终身幽默，暗然退藏。彼岂异性？诚见乎其大，而知众人所争者之不足深较也。"世间万物有可为而不可为之事，所谓木秀于林，风必摧之。龙蛇屈伸，幻化莫测。君子应该懂得在适合的时候展露自己的智谋。

四、刚柔并济为天下之道

"刚柔，坚挺顺弱之谓，五行生克之数。遇险而怯为柔，知难而挺曰刚。"刚柔，太柔则靡，太刚则折。曾国藩用了"敬、静、纯、淡"四个字，说明刚柔乃是泰而不骄，威而不猛。

五、行内圣外王之法

内圣外王之法可谓是《挺经》的精髓所在。所谓内圣就是指人要注重加强修炼自己的内心世界，按照圣人的标准去要求自己；而外王则主要指的是外在的事物应当顺应王政、王道的要求，也就是施仁义之政，行仁义之道，建王者之业。为了修炼自己的人格，曾国藩甚至还提出了"不为圣贤，即为禽兽"的口号，以表他的决心。

本书精心挑选了曾国藩《败经》与《挺经》中最为经典的篇章，编辑成册，并且在原文的基础上配以通俗易懂的译文以及简洁准确的解释，从而帮助读者在一种轻松愉快的氛围中快速掌握书中的思想真谛，对于当代人修身养性、接人待物、为官治世等，都有着非常大的帮助。

目录

总序 ... 1
前言 ... 3

败经——久立不败之术 ... 1

本败篇 ... 1

在困境中磨炼心智 ... 2
"敬"心是修身之根本 ... 4
诚则胜，不诚必败 ... 6

显败篇 ... 9

圣人难当，小人好做 ... 10
空泛之谈，不如身体力行 ... 13
功成身退是大智慧 ... 15

势败篇 ... 17

日月皆有盈缺 ... 18
居安思危，物极必反 ... 20
永不满足 开启胜利之门 ... 22

靠败篇 ... 25

搞军事要有主见 ... 26
勤俭的家庭能长久 ... 28
逆来顺受，无限包容 ... 30

实败篇 ... 33

虚虚实实，虚实无形 ... 34
不迷恋虚名，不贪图实利 ... 36
华丽的东西不实际，实际的东西不华丽 ... 38

疏败篇 ... 41

审核人才要全面 ... 42
雅量容人，以德服人 ... 45

愚败篇 ... 47

情态学观人、识人 ... 48
官员们的"五到"原则 ... 52

奢败篇 ... 55

奢侈变勤俭，长江难西流 ... 56
勤俭持家，奢侈败家 ... 58
以俭养廉，奢华必衰 ... 61

躁败篇 ... 63

舍小保大的生存之道 ... 64
自我节制，时时自省 ... 67
急流勇退里有大学问 ... 69

急败篇 ... 71

做官是暂时的，持家是长久的 ... 72
功名如云，富贵如烟 ... 74

骄败篇 ··· 77

骄子必败家 ··· 78
谦谨是福,自满生祸 ······························ 80

智败篇 ··· 82

论家族式兴亡 ······································· 83
少娱乐,多修行 ···································· 86

刚败篇 ··· 88

扛得住烦恼,耐得住寂寞 ······················· 89
刚柔并济,以柔克刚 ······························ 92
压抑怒火,畅通心胸 ······························ 94

仁败篇 ··· 96

为大将者,需恩威并施 ··························· 97
慎独心安,自欺败德 ···························· 100

乱败篇 ··· 102

论官场之弊端 ····································· 103
爱民者可兴 害民者必亡 ······················· 106
物价不稳 民损国伤 ···························· 108

言败篇 ··· 112

作君王者,辨别真伪 ···························· 113
打压越重,反抗越强 ···························· 117
贤官兴业,昏官害国 ···························· 120

忠败篇 ·· 122
    功成名就，兔死狗烹 ·· 123
    功成即可退隐 ·· 125

挺经——刚柔相济之方 ·································· 127

    内圣篇 ·· 128
    励志篇 ·· 134
    家范篇 ·· 139
    明强篇 ·· 144
    坚忍篇 ·· 150
    刚柔篇 ·· 155
    英才篇 ·· 159
    廉矩篇 ·· 161
    勤敬篇 ·· 163
    诡道篇 ·· 167
    久战篇 ·· 172
    廪实篇 ·· 176
    峻法篇 ·· 180
    外王篇 ·· 184
    忠疑篇 ·· 187
    荷道篇 ·· 191

    参考文献 ·· 195

败经

—— 久立不败之术

本败篇

在困境中磨炼心智

【原文】

古人患难忧虞之际，正是德业长进之时。其功在于胸怀坦夷，其效在于身体康健。圣贤之所以为圣贤，佛家之所以成佛，所争皆在大难靡折之日，将此心放得实，养得灵；有活泼泼之胸襟，有坦荡荡之意境；则身体虽有外感，必不至于内伤。

谚云："吃一堑长一智。"吾生平长进全在受挫受辱之时。务须咬牙砺志，蓄其气而长其智，切不可恭然自馁也。

【译文】

古人越是在受到挫折的时候，其品行和意志越是能够得到升华。做大事者，必然是胸怀宽广，无时无刻不在总结自己失败的教训；想要做到这些，关键就在于平时的修身养性，只有这样身体才能健康。这就是所谓的失败乃成功之母的哲理。圣人、贤者之所以成为圣贤，信奉佛教的人之所以能修炼成佛，他们成功的诀窍，就在于他们能以一颗平常心，对待自己所遭受到的痛苦和折磨。在修养中慢慢地消化痛苦，将自己的心放踏实；不管遇到任何事情，有活泼乐观的精神，也有坦荡开阔的心境；只有这样，即便身体表面受到了伤害，但是痛苦并不会伤及身体的内部。

俗话说："吃一堑长一智。"我这辈子德业长进的时候，也正是我心灵遭受考验的时候。所以，人在遇到艰难险阻的时候，一定要咬紧自己的牙关，通过磨难来历练自己的意志，不断地积攒自己的品质。绝对不能因为一时的挫折，就变得垂头丧气，萎靡不振。

【解读】

回首曾国藩的这一生，除了在官场上的博弈之外，就是在与太平军、捻军的征战中度过。他总是能在一次次的失败中总结胜机，在一个个厄运里谋求出路。忧患之际，他养精蓄锐，韬光养晦，最后直至扭转乾坤。

曾国藩创建了湘军，但严格意义上讲，他并不能算是一个出类拔萃的指挥官。王闿运曾在《湘军志》中说他"用将则胜，自将则败"。这话说得真是一针见血，在评定太平天国起义的过程中，湘军所遭受的几次大的败仗，基本都是在曾国藩的直接指挥下造成的。比如在咸丰四年（1854）四月的靖港之败，又比如同年十二月的水师湖口之败，以及咸丰十年（1860）六月，在祁门的失败皆是如此。在这几次大败中，曾国藩曾三度自杀，都被部下救起而自杀未遂，可见曾国藩对自己的前途已到了希望尽泯的地步，希望一死了之。鸟之将死其鸣也悲，人之将死其声也哀，一个人走到了自杀的地步，基本上都是看破红尘，精神上已再无任何束缚。或许只有一死，才能为自己解脱。因此，尽管曾国藩在自己仕图和征战的前期，遭遇了各种各样的磨难和挫折，但同时，也大大地历练了曾国藩的心智，使他能不断地从失败中总结经验、教训。所以，曾国藩初出茅庐的坎坷，初试战阵的挫败，在当时曾国藩的声誉和精神上虽然有所损失，但使曾国藩确实获得了不少经验、教训。

"敬"心是修身之根本

【原文】

主敬则身强。"敬"之一字，孔门持以教人，春秋士大夫亦常言之。至程朱则千言万语不离此旨。内而专静纯一，外而整齐严肃，敬之工夫也。出门如见大宾，使民如承大祭，敬之气象也。修己以安百姓，笃恭而天下平，敬之效验也。程子谓："上下一于恭敬，则天地自位，万物自育，气无不和，四灵毕至，聪明睿智，皆由此出，以此事天飨帝。"盖谓敬则无美不备也。吾谓"敬"字切近之效，尤在能固肌肤之会，筋骸之束。庄敬日强，安肆日偷，皆自然之征应。虽有衰年病躯，一遇坛庙祭献之时，战阵危急之际，亦不觉神为之悚，气为之振。斯足知敬能使人身强矣。若人无众寡，事无大小，一一恭敬，不能懈慢，则身体之强健，又何疑乎？

【译文】

主敬则身体就会更加强健。儒家千百年来，就以"敬"字来教育世人。而且春秋时期的那些大贤大儒们，也经常提到"敬"这个主旨。心里面要做到专一而无杂念，外表才能严肃、整齐，这就是"敬"所带来的益处。出门就如同去会见重要的客人，而接见百姓，就如同去参加重大的祭祀活动，这就是所谓的"敬"的气象。修养自己以安天下百姓，笃诚恭敬则天下太平，这就是敬的效验。程子认为："上上下下都能恭敬，那么，天地万物自然可以安于本位，万物也可以自己发育长成，气无不和，风调雨顺，各种祥瑞都会到来，人的聪明智慧，也皆因"恭敬"而产生。因此，如果心中有了恭敬，做什么事情都会显得畅快无阻。我觉得"敬"对人们最直接的益处，就是可以使人的身体康健，强筋健肤。人若庄重恭敬，身体也自然会越来越强，人若贪图安逸，时间一长身体就会垮掉。这都是自然发展的必然规律。我虽然年迈多病，但一遇到坛庙祭祀的时候，或者是战阵危急的情况，不自觉地就会感到悚惧，人也不由得精神振奋。从这一点就可以证明，"敬"是能够让人身体强健的。不管是人多人少、是强是弱，只要能长期坚持恭恭敬敬地做事，一丝不苟地对待，那么身体强健是毫无疑问的。

【解读】

主敬，又被称作居敬，是宋代理学家朱熹所提出来的养生之法。

曾国藩一生受宋儒"居敬"思想的影响非常深刻，他不仅是说，而且他的一生都坚持身体力行。他所奉行的，都是以一个"敬"字处理为官、办事、治学、打仗、处世、修养、健身，真是无穷妙用。他曾说道：敬的工夫，"内而专静纯一，外而整齐严肃"。两语至为精当、妥帖。和主敬有着密切联系的是谦虚和谨慎。满招损，谦受益。曾国藩的品德、学问和功业当时实为众人中的楷模，但他处处还是自谦自抑，扬人抑己，虚怀若谷，对任何人从不居高自傲。而他的谨慎，又多表现在军事上，其作战策略与三国时期的诸葛亮颇有几分相似，都是讲个稳扎稳打，从不冒险。曾国藩的治军原则就是"扎硬寨、打死仗"，稳扎稳打为主。

诚则胜，不诚必败

【原文】

天地之所以不息，国之所以立，圣贤之德业所以可大可久，皆诚为之也。故曰：诚者物之始终，不诚无物。

吾辈总以诚心求之，虚心处之，心诚则志专而气中，千磨百折，而不改其常度，终有顺理成章之一日；心虚则不客气，不挟私见，终可为人共谅。

用兵久则骄惰自生，骄惰则未有不败者。勤字所以医惰，慎字所以医骄。二字之先，须有一诚字以立之本。立意要将此事知得透，辨得穿。精诚所至，金石亦开，鬼神亦避，此在己之诚也。以诚字为本，以勤字慎字为之用，庶几免于大戾，免于大败。

【译文】

天地之所以能经久不息的运转，一个国家之所以能成功建立，而那些圣贤的德业之所以能够在天下广为流传和颂扬，皆是因为一个"诚"字所起的作用。所以说，"诚"实际上在影响着世间万物的生死存亡；不诚，你将一无所有。

我们应当永远去追求"诚"的境界，活在这个世上一定要有一颗谦虚的心。虚心再加上诚心，做起事来就会感到志专气足，即便是经历了千难万阻，也不可能改变我们的原则。终有一天，我们会顺理成章地获得成功。而具备了虚心，我们就不会去恶意捏造假象，因此我们也就能放下心中的私念，没有私念的人，总是能够得到大家的谅解。

用兵时间过于久了，自然就会产生一些骄傲、懒惰的坏毛病。不过骄兵从来都是与失败同在的。而勤奋之所以能够改正懒惰的恶习，还有谨慎之所以能改正骄傲的毛病，这两者都必须以"诚"作为根本。所以我们一定得下定决心，把这些道理仔细地了解透彻，看得彻底。精诚所至，金石为开，只有这样，鬼神才不敢轻易地冒犯。这所有的关键就在于人是不是有"诚"。真诚为立身之本，谨慎、勤奋为立身之法。只有这样，我们才可能避免大的失败。

【解读】

成大事者，必先"立德"。而立德的首要条件就是"立心"。心正则存诚自养，心不正则后患无穷。曾国藩曾说："驭将之道，最贵推诚，不贵权术。"这"推诚"二字，正是他用作鼓舞人心和转变风气的谋略和手段。曾国藩以自己对大清的忠心和对军士部将的诚心，从咸丰元年（1851）开始，以一个小小的在籍侍郎的身份，克服了重重困难，开办了团练勇，以至于最后拥有了当时大清最精锐的部队——湘军。在这个过程中，曾国藩也不是没有遭遇过挫折，尤其是转战到江西的时候，当时的处境是更加困窘，事态每发展一步，都有

将曾国藩拉向死亡的危险。一分钱，一粒粮，不苦心经营，就不能获得；一将弁，一兵勇，不苦心训诫，就不能参战。曾国藩正是在这数不清的困阻中，磨炼出了坚韧不拔的意志。经过自己多年的坚持，"曾家军"最终扑灭了太平天国的燎原之火，为大清立下了不世之功。因此，说曾国藩是大清中兴第一人，丝毫不为过。

败经

——看智者久立不败之术

显败篇

圣人难当，小人好做

【原文】

凡民有血气性，则翘然而思有以上心。恶卑而就高，恶贫而觊富，恶寂寂而思赫赫之名。此世人之恒情。而凡民之中有君子者，常常终身幽默，暗然退藏。彼此异性？诚见乎其大，而知众人所争者不足深较也。自秦汉以来，迄于今日，达官贵人，何可胜数？当其高据势要，雍容进止，自以为才智加人万万。及夫身没观之，彼与当日之厮役贱卒，污行贾竖，营营而生，草草而死者，亦无以甚异也。然则今日之处高位而获浮名者，自谓辞晦而居显，泰然自处于高明。曾不知其与眼前之厮役贱卒，污行贾竖之营营者行将同归于澌尽，而毫毛无以少异，岂不哀哉！

【译文】

大凡有远大志向的人，必定不甘于久居人下，他会不自然地产生超越他人的念头。他们对于卑微的职位，肯定不甘心于现状。只是，一心想着谋求一个有权势的高位；他们厌倦了贫穷困苦的日子，对于那些权贵富丽、舒适的生活无比向往。他们更受不了自己的才华被埋没的生活。羡慕成为众人眼中佼佼者的生活。这些都是一个正常、有追求的人的合理想法。不过像那些真正的君子，他们大多常常是喜欢隐居生活，淡泊名利，从不将上面所说的那些东西看在眼里。那么，难道这些人和我们这些人的天性有区别吗？实际上，这些人是真正看懂了这个世界。他们知道这个世界里到底什么才是重要的东西，什么是次要的东西。而普通人所追求的，则是一些表面的东西。自秦汉一来，时至今日，那些所谓的达官贵人，又有谁能数得完呢？当他们高居权势要职时，举止仪态都装作非常地从容、高雅，自以为自己的才智远超于其他人。但当他们百年之后，他们跟当时那些熙熙攘攘为利而生活着，又草草死去的贫贱老百姓，做低下行当的买卖人，又能有什么区别呢？还有那些靠功业文章获取虚名的人，他们更加认为自己的才智超过他人千万倍。但他们的死，和那些百姓和商人也是毫无二致。再看看现在那些身居高位，自觉地有名气的人或是那些自以为文章高明、才智超人、地位显贵的人，他们可以自以为是地泰然自若，但实际上他们根本不知道，自己和那些整日劳碌，执劳役供使唤的杂役、低下行当的买卖人，最后将落得一个同样的归宿。他们之间毫无区别，这难道不该令我们悲哀吗？

【解读】

曾国藩从青年时代就有着远大的志向和追求，我们从他二十五岁时，所作的诗词作品中就可以推测一二："去年此际赋长征，豪气思屠大海鲸"、"竟将云梦吞如芥，未信君山铲不平"、"匣里龙泉吟不住，问予何日斫蛟龙？"从他的诗中不难看出，青年时期的曾国藩有着远大的抱负、理想。他一生勤敬笃学，相信"才以天来，于学问得之"。即使是在晚年手握重权的时候，他也依然保持着谨慎、低调的人生态度。从来都没有狂妄、骄傲的时候，这是他每天的必修课。日复一日地坚持对心性的培养。这种精神境界，即使是

古人，也是很难做到的。在他担任两江总督时，他在日记中这样写道："余日衰老，而学无一成。应做文章甚多，总未能发奋为之。忝居虚名，毫无实际，愧悔之至！日月如流，倏已秋分。学业既一无所成，而德行不修，尤悔丛集。自顾竟无剪除改徙之时，尤愧曷也。"

空泛之谈，不如身体力行

【原文】

近恶闻高言深论，但好庸言庸行。虽以作梅之朴实，亦嫌其立论失之高深。其论公之病，侍亦虞其过于幽纱，愿公从庸处浅处着想。圣人言："不逆诈，不亿不信。"吾辈且当不逆死，不亿不起，以为养生之法，不逆败，不亿不振，以为行军之法。

【译文】

最近一段时间来，我特别不耐听别人跟我谈论一些道理深邃的高谈阔论，反而只想听听一些平时的家常话。就像那梅先生一样的朴实，也嫌他立论失之高深。不过说到你的缺点，我觉得你说的话也是过于深邃、虚缈了，希望你以后能多从生活的平常之处思考问题。古代的圣人说过，"不要有过于多的顾虑，不要总是疑心丛生。"像处于我们这种处境的人，应该能将生死问题看得淡一些。尽量不要去想将来会发生什么事情，更不要为此整日忧心忡忡，这同时也是自我锻炼的一个好时机。抛开胜败，不考虑将会遇到怎样的对手，

只管做好平时的准备、训练，作为我们带兵打仗的方法。

【解读】

　　曾国藩认为人活一世，既能过安逸舒适的生活，遇到贫苦的生活也能乐观对待。勤劳节俭，自我修炼，吃苦耐劳，这些都是现实生活必不可少的经历。曾国藩所追求的，是希望自己能做一个读书明理的君子，去教育子弟们能朝一个乐观有意义的人生方向发展。而不是整日里只想着追逐官场，争名夺利。他曾无数次地告诫后人："凡世家子弟，衣食起居无一不与寒士相同，庶可以成大器；若沾染富贵习气，则难望有成。"对儿子约法三章：不许坐轿，不许使唤奴婢，要亲身去学、去做插秧、除草之类的农活，更不能忘记祖先的传统。在他所认识的世界里，富贵繁华皆是过眼云烟，读书养性才是活着的真正的价值所在。这种境界，又岂是我们普通人所能悟到的？

功成身退是大智慧

【原文】

星冈公教人常言："晓得下塘，须晓得上岸。"又云："怕临老打扫脚棍。"兄衰年多病，位高名重，深虑打扫脚棍。自金陵告克后，常思退休藏拙。

即弟备尝艰苦，亦须知谋事在人，成事在天，劳绩在臣，福祚在国之义。刻刻存一有天下而不与之意，存一盛名难副、成功难居之意。蕴蓄于方寸者既深，自有一段谦光见于面而盎于背。

霞仙系告病引退之员，忽奉严旨革职。云仙并无降调之案，忽以两淮运使降补。二公皆不能无郁郁。大约凡做大官，处安荣之境，即时时有可危可辱之道，古人所谓富贵常蹈危机也。纪泽腊月信言宜坚辞江督，余亦思之烂熟。平世辞荣避位，即为安世良策。

【译文】

我们的祖父星冈公教导我们说："晓得下塘，须晓得上岸。"他老人家还说："怕临老打扫脚棍"。我现在已经年事渐高，况且现在的身体又多病，

更何况处于位高名重的地位，因此我经常担心自己也会被别人打扫脚棍。自从金陵一战大胜之后，我总是想着能退居幕后，以求自保平安。

即使弟弟你已经是从大风大浪走过来的人了，但是也依然要谨记谋事在人，成事在天，为国家做事情是我们做臣子的本分，福分、权位也是国家给予我们的道理。要时时刻刻保存天下许多美好的东西，不能让这些美好的事物轻易地被人破坏。既想保存盛名，由功劳给自己赢取的盛名。这样的想法在心中蕴藏时间长了，自然会有谦虚的气质表现在人的表情上，而从人的背影中溢出。

霞仙本来是因病引退的，但是忽然接到用词严厉的圣旨而被革除职务；本来云仙并没有降职调动的过错和原因，但是却忽然被降补为两淮运使。两位大人都未能做到心无芥蒂。或许凡是做大官的人，这些人处在安定、富裕的包围中，却总是为那些不知名的危险耻辱而担忧。这就是古人所说的富贵常蹈危机。纪泽腊月间给我写信说，让我最好推辞掉两江总督的职位。我也将这件事颠来倒去的想了无数遍，觉得现在是和平年代，推掉身上所有的荣誉和权利，或许只有这样才能求得平安。

【解读】

一句"以散员留营"道出了曾国藩内心的真实想法。因为他的开缺奏章一旦准奏，那么留给曾国藩能走的只有两条路：要么回老家休养，要么在京赋闲。可这两条路都不是曾国藩想要的，这意味着从此曾国藩这个大人物就此从世人的眼前消失："大凡才大之人，每不甘于岑寂，如孔翠洒屏，好自耀文采。近待徐松龛中丞与地方官不合，复行出山。其有过人之才，故不愿久居林下"。曾国藩既怕回乡遭地方官排挤，又怕留在京城成为政治斗争的中心，此时的他百思不得良策，大有看破红尘之感，"只恐清名天下满，九州无处匿韩康"。

败经

——看智者久立不败之术

势败篇

日月皆有盈缺

【原文】

余家目下鼎盛之际，余忝窃将相，沅所统近二万人，季所统四五千人，近世似此者曾有几家？沅弟半年以来，七拜君恩，近世似弟者曾有几人？日中则昃，月盈则亏，吾家亦盈时矣。

自概之道云何，亦不外清、慎、勤三字而已。吾近将清字改为廉字，慎字改为谦字，勤字改为劳字，尤为明浅，确有可下手之处……

余以名位太隆，常恐祖宗留诒之福自我一人享尽，故将劳、谦、廉三字时时自惕，亦愿两贤弟之用以自惕，且即以自概耳。

【译文】

现在我们家正处在最鼎盛的时候，我又身居一国丞相之位，沅弟统领的军队有近两万人，季弟统领的军队也有四五千人，过去以来能有像我们家这种境况的有几家？沅弟在半年时间之内就受到了皇上七次嘉奖，近世以来，像弟弟这般受嘉奖的又有几个人？太阳到了正午以后就会向西偏行，月亮圆满过后就会出现亏缺。我们家此时就处于盈满的时期。

自我约束的方法是什么呢？不外乎勤、清、慎三个字。我最近又把勤字改为了劳字，把清字改为了廉字，慎字改为了谦字，这样就更明白浅显，也确实有可以下手去做的地方……

我因为官位太高，名气太大，常常会担心祖宗留给我们的福泽让我一个人享受了，因而时时用劳、谦、廉三个字自省自勉，也希望两位弟弟能用这三字自省自勉，以达到"自概"的目的。

【解读】

咸丰四年（1854），曾国藩在老家湖南招募兵勇，创立了舟师，训练湘军。自从与太平军开战以来，运筹帷幄，调度有方，谋勇兼备，知人善任，屡屡建下奇功，多次受到清朝政府的嘉奖和恩赏。咸丰十一年（1861）十月，两宫皇太后慈禧授权曾国藩，统辖江苏、江西、安徽、浙江四省的军务，以节制提督巡抚以下的各官员，可谓是权绾四省。同治元年（1862）正月，又被加封为"协办大学士"，从而成为了清朝自开国以来权势、地位最高的汉臣。并且曾国藩的弟弟们也手握兵权，沅弟曾国荃统兵将近两万，而且屡立战功，仅同治元年就受到了清朝皇帝的七次表彰；季弟曾国葆也统兵有五千之多。曾家三兄弟权倾朝野，曾氏家族堪称"天下第一家"。就如曾国藩自己所说的一样："余家目下鼎盛之际……近世似此者，曾有几家？"可是家族的鼎盛，并没有使曾国藩得意忘形，反而使得他感到忧心忡忡，且行事小心翼翼。他清楚地知道"日中则昃，月盈则亏"。他说："要想让家族长久兴旺，不是凭一两个人的发迹，也不是靠一时的官爵来维持的。当家道在鼎盛的时候，就要做好家道衰败时的考虑了。"上天能使我们处于今天丰厚顺达的处境，也能让我们在明天处在艰难困苦的境地。像这样的经验教训，历史上不胜枚举。

居安思危，物极必反

【原文】

诸弟生我十年以，见诸戚族家皆穷，而我家尚好，以为本分如此耳，而不知其初皆与我家同盛者也。兄悉见其盛时气象，而今日零落如此，则大难为情矣。凡盛衰在气象，气象盛则虽饥亦乐，气象衰则虽饱亦忧。今我家方全盛之时，而贤弟以区区数百金为极少，不足比数。设以贤弟处楚善、宽五之地，或处葛、熊二家之地，贤弟能一日以安乎？凡遇之丰啬顺舛，有数存焉，虽圣人不能自为主张。天可使吾今日处丰亨之境，即可使吾明日处楚善、宽五之境。君子之处顺境，兢兢焉常觉天之过厚于我，我当以所余补人之不足。君子之住啬境，亦兢兢焉常觉天之厚于我：非果厚也，以为较之尤啬者，而我固已厚矣。古人所谓境地须看不如我者，此之谓也。

【译文】

弟弟们都比我小很多岁，你们看到如今亲戚们都很穷，而我家却还不错，肯定认为本来就是这个样子的。然而你们不知道当初他们的家都和我们家现在一样的兴旺。我见识过他们兴旺时的情景，如今看到他们破败的景象，真是感到难过。一般来说，一个家族的兴盛与衰败在于它的气象，气象盛的话，那么即使挨饿也是快乐的；气象衰，即使衣食无忧整天也是忧愁的。如今我们家正处在全盛时期，弟弟们不要认为这区区几百两银子太少，不足挂齿。如果让弟弟们去过像楚善、宽五等人那样艰苦的生活，或是让你们处于葛、熊两家那样的境地，你们能够忍受一天吗？大凡一个人际遇的厚薄顺逆，都是命中注定了的。就算是圣贤也不能自作主张。命运既然能够使我们处在今天丰厚、顺达的境地，就也能让我们明天处于楚善、宽五那样的窘境。君子即使处在顺境的时候，也常常战战兢兢，总觉得命运对自己太钟爱了，自己需要把自己多余的东西拿出去弥补别人的不足。当君子处在窘迫的境地时，同样的战战兢兢，仍会觉着命运待自己优厚。虽然不是真的优厚，但比起那些更为窘迫的人，自己已经很不错了。古人常说看境地就去看不如自己的人，就是这个意思了。

【解读】

曾国藩亲眼看见过从盛极而转衰后的艰难、悲惨和世态炎凉。因此在平时的生活中他不敢追求奢靡、豪华，而宁可去抱残守缺。非常担心害怕"全"而后吝与凶就会随之而来。他把自己居住的房起名为"求缺斋"，以时时提醒自己。一次，他的下属为他打制了一把可以炖煮燕窝、人参的银壶，花了白银八百多两。曾国藩知道这件事后，深感惭愧。他说："现在有的百姓连草根都吃不着，大部分官员的日子也过得不是很富裕，而我却如此骄奢，这实在侮辱了我平时廉洁的名声，真是惭愧得无地自容！"曾国藩认为："一个家庭的破败离不开一个奢字。"这一结论是人世间最有实际意义的经验之谈。

永不满足 开启胜利之门

【原文】

自仆行军以来,每介疑胜疑败之际,战兢恐惧,上下怵惕者,其后常得大胜。或当志得意满之候,各路云集,狃于屡胜,将卒矜慢,其后常有意外之失。

瑞州一军,自初一、初四大捷,各营渐有轻敌之态。顷闻黄泽远添营已至,王吉昌虎勇亦来,周梧冈及舍九弟亦将毕集于此,鄙怀惴惴,辄有鉴于九江小池口往辙,或致意外之失。闻岵衡思深虑远,乞足下与之精心默究。在已有少满足之怀,则针砭之;将士有矜慢之渐,则戒饬之。关系至大,千万千万。

【译文】

自从我率领军队以来,每当碰到进军犹豫的时候,我的心里总是战战兢兢,对于以后战事的走势,心里一点把握也没有。往往一开始全军上下怵惕,但是到最后却能获得大胜。有的时候开始志得意满,得意洋洋,加之各路人马云集，兵足马壮，且由于满足于多次获胜，有的将卒往往有倨傲轻慢的表现，到后面常常会遭受到意外的损失。

在瑞州的部队，自今年八月初一、初四取得大捷以来，各营都表现出了轻敌之态。刚刚听说黄泽远率领着添营，王吉昌率领着虎勇，以及周梧冈和国荃都将率部聚集在一处，我心里感到惴惴不安，而且有鉴于九江小池口先取胜后败的例子，有可能会出现意料之外的失败。峙衡一向以深谋远虑著称，希望您在遇到事情之时经常与峙衡商讨。如果你自己稍微有了一点满足之心，就要立即克服；如果将士出现有骄矜轻慢的表现，就要立即责戒。所有这些都关系重大，你要千万小心谨慎。

【解读】

曾国藩的湘军为了打开通往两湖的道路，围攻瑞州。同一时间，在瑞州的太平军想要把湘军困在江西，便联合了临江、武宁、安义、义宁、奉新等地的太平军两万余人，于咸丰六年（1856）八月初一这一天分兵四路，向湘军发动攻势。经过四个小时的艰苦鏖战，湘军获得了全胜。八月初三，太平军又重新组织力量欲反攻。普承尧、刘腾鸿、彭山屺、普承尧、罗萱等湘军将领趁太平军"壁垒未定"之际，于初四黎明出发，合力围攻新增援的太平军，太平军五座营垒被破，太平军便阵脚大乱，急忙撤退，湘军又追杀了数里。又经过三小时的战斗，湘军踏平了太平军的各个营垒，湘军军心大大稳定。后面湘军又接连获胜，收复了上高、靖安、新昌、安义等地。战事的顺利，一方面使曾国藩十分高兴，不断地向皇上进折报喜；另外一方面又担心将卒产生矜慢之态，重蹈九江小池口先胜后败的覆辙。因此，他在信中告诫罗萱"日中则昃，月盈则亏"，若要希望它永保"花未全开，月未全圆"之势态，

就千万不可有轻敌之态、自满之心。还总结了自己从军以来的经验教训：每当介疑胜败之际，战兢恐惧，上下怵惕的时候，通常会取得大胜。每当在开始时志得意满，各路云集，狃于屡胜，将卒矜慢的时候，后来常有意外之外的失利。

败经

—— 看智者久立不败之术

靠败篇

搞军事要有主见

【原文】

捻逆大股逼近湖团,该军甫经出队,即行扬去,殊可愤恨!刻下该镇既已全部拨动,作为游击之师,应即尾追紧蹑,期于力战数次,独当一路,不必依傍他军以成功。度该镇之才力足以办此。会商进剿之说,不过使彼此声势联络,使该逆有所牵制,而我得专力一方。至于临敌应变,则非他人之所能为力也。大抵打仗贵于自立,不可存借助将伯之心,使弁勇稍生怠忽;谋事贵于谦下,须常存广询求助之心,使他军乐于亲附。二者看似相反,实则相成,均不可少。

【译文】

捻军的大股部队已逼近了湖团,而你部则刚刚出战,捻军随即立即遁去,这实在是让人可恼可气。眼下你的部队既然已经动身,就应该对退去的敌人紧追不舍。我知道你们是久经沙场的勇武之师,必定能独当一面,而不用借助其他军地的协助夺取胜利。根据你的才力完全能够办好此事。至于会商剿捻的说法，不过是为了造成一定的声势，使捻军有所顾忌而为我所牵制，如此一来我们的剿捻方案才能顺利进行。至于临敌应变之事，必须依靠自己，别人是无能为力的。一般说来，打仗贵于自立，不能有求助他人的想法，从而使官兵滋长轻慢之心；与别人商量军事事由，一定要谦虚恭敬地听取别人的意见。一定要秉着集思广益的精神去听取别人的意见，在受到别人帮助的情况下，也要懂得去帮助别人。这两种情况表面看是性质相反，其实是互相补充。二者缺一不可。

【解读】

在曾国藩的军事理论里，部队的自立被看作是带兵的基础。而部队是进是退，作为主将要有自己独到的见解，不能事事都听信别人的意见。该迎战时，即便其他将领不愿出战，自己也要接战。不敢出兵时，即便其他人再怎么跃跃欲试催促迎战，自己也要持重、稳妥，不轻易进兵。凡危急之时，只有自己靠得住，其他人皆不可靠。持之以守，恐临危而乱；持之以战，恐其猛近而聚退。况且，敌我交战之时，胜负常在须臾之间，即使救兵在八里之外也不能援救，假使是雨雪泥泞的天气，即使在四里之外，也不能援救。所以，打仗不可存借助将伯之心。《左传·宣公十五年》记载，宋、楚交战时，宋国企图借助晋国的力量抵抗楚国，谁知最后他们却自取其辱。迫不得已的情况下，"华元登床劫子反"，最后还是靠着宋人自己的力量迫使楚国退兵。

勤俭的家庭能长久

【原文】

凡人多望子孙为大官,余不愿为大官,但愿为读书明理之君子。勤俭自持,习劳习苦,可以处乐,可以处约。此君子也。余服官二十年,不敢稍染官宦气习,饮食起居,尚守寒素家风,极俭也可,略丰也可,太丰则吾不敢也。凡仕宦之家,由俭入奢易,由奢返俭难。尔年尚幼,切不可贪爱奢华,不可惯习懒惰。无论大家小家,士农工商,勤苦俭约,未有不兴,骄奢倦怠,未有不败。

【译文】

就普通人来讲,谁都是想着自己的后代将来都能做上大官,但我对此却并不是抱太大的期望。我只是希望自己的子孙日后能做一个读书育人的正人君子,而且能够保持勤俭持家的家风。平日里自我修养,既能过舒适的生活,又能过贫苦的生活。我做官二十年,不敢沾染一点官宦习气,衣食住行,一直恪守勤俭节约的家风,最为俭约也可以,略微丰盛也可以,但过多的丰盛我是不敢的。一般说来,官宦人家,由节俭进入奢侈容易,而由奢侈返回节俭是难之又难的事。你年纪还轻，千万不可贪恋、爱慕奢侈荣华，更不可养成懒惰的坏习惯。不管是大家还是小家，也不论是官家还是农家，手工之家还是商贾之家，只要有着勤俭持家的优良家风，从来都没有不兴盛的。相反，骄奢懒惰的家族，早晚都是要衰败的。

【解读】

在封建社会的官僚贵族中，曾国藩持家算是最成功的一个。他之所以能成功主要表现在两个方面：第一，曾国藩在教育子女时，常常能以身作则，严格遵循"身教重于言教"的古训。他曾经说过："人不勤则万事俱废。"别说是做圣贤豪杰，就是做奸雄也不能！早起三朝当一工。曾国藩把早起看做是"勤"的表现，而"勤"又是万事兴的根本。他不仅要求自己要早起，而且还要求自己的儿子每天要早起读书写字，曾家上辈留下的优良家风，都被曾国藩一一继承。第二，在教育子女上，绝不行使父亲的特权高高在上，任意责罚。他尽量不夸夸其谈，而是从自己的亲身体会中晓以立身做人的道理，且娓娓道来：我之所以没有成为"圣贤"，是因为年轻时"欠居敬工夫"。你现在还很年轻，因此更不能去想着贪图享乐，更不应养成懒惰的坏毛病。

逆来顺受，无限包容

【原文】

接李少帅信，知春霆因弟复奏之片言省三系与任逆接仗，霆军系与赖逆交锋，大为不平，自奏伤疾举发，请开缺调理。又以书告少帅，谓弟自占地步。弟当此百端拂逆之时，又添此至交龃龉之事，想心绪益觉难堪。然事已如此，亦只有逆来顺受之法，仍不外悔字诀、硬字诀而已。

朱子尝言："悔字如春，万物蕴蓄初发；吉字如夏，万物茂盛已极；吝字如秋，万物始落；凶字如冬，万物枯凋。"又尝以元字配春，亨字配夏，利字配秋，贞字配冬。兄意贞字即硬字诀也。弟当此艰危之际，若能以硬字法冬藏之德，以悔字启春生之机，庶几可挽回一二乎？

【译文】

已接到李少帅的书信，知道春霆因弟弟在奏章里说省三是和任逆打仗，霆军是与赖逆交锋，内心甚难平静，导致旧伤复发，随即告假回家调理。又写信向少帅诉说，我弟弟行事霸道。他现在处于百事不顺的时期，赶巧又添有朋友之间的矛盾，想来你的心情也不会怎么好受。但是既然事已至此，我们所有人都只能逆来顺受了。无论什么事，都只不过再提醒自己念一遍悔字诀、硬字诀罢了。

朱子曾言道："悔字如春天，万物蕴藏、积蓄的生机开始生发；吉字如夏天，万物繁盛已极；吝字如秋天，万物开始败落；凶字如冬天，万物开始凋谢。"又常用元字代表春天，亨字代表夏天，利字代表秋天，贞字代表冬天。哥哥以为，这个"贞"字其实就是硬字诀。弟弟处在艰难时刻时，如果可以效仿"贞"字，以硬字诀表现胡冬天收藏的博大胸怀，再以"悔"字诀迎接春天的朝气，也许可以将事情向更好的方面发展吧！

【解读】

曾国藩是一个具有双重性格的人，一方面他是一个现实主义者，无论是在官场，还是战场，他总是能以最冷静的头脑来分析各种困境。另一方面他又像是一个乐观主义者，面对困难处境时，总是寻求最好的解决办法，而从来都不会盲目的悲观。他曾在同治九年（1870）做过一副对联："战战兢兢，即生时不忘地狱；坦坦荡荡，虽逆境亦畅天怀。"集中体现了他这种独特的处世思想。他之所以生不忘死，居安思危，辱中求荣，挫时思奋，就得益于他这种思想体系。"以硬字法冬藏之德，以悔字启春生之机"可以说是曾国藩处逆境的法宝。这种逆来顺受的方法，并不是消极地等待，而是积极地面对。这种进取表现在：首先不怕处逆境。身处逆境而不消沉，以"硬"字工夫面对现实，以最大的毅力和魄力，最刚的胆力，"屡败屡战"，来超越逆境。其次是主动自省，总结经验教训，做到大彻大悟。但一"硬"字，还不足以超越逆境而成就大事，曾国藩之所以身处逆境而获成功，不能说不得力于他的"悔"字工夫。曾国藩对于自身的反省和检点，可谓严厉且苛细。他在日记中写道："细思日日过恶，总是多言，其所以致多言者，都从毁誉心起。""知

天之长而我所历者短,则遇忧患横逆之来,当少忍以待其定;知地之大而我所居者小,则遇荣利争夺之境,当退让以守其雌;知书籍之多而吾所见者寡,则不敢以一得自喜,而当思择善而约守之;知事变之多而吾所办者少,则不敢以功名自矜,而当思举贤而共图之。夫如是,则自私自满之见可渐渐蠲除矣。"他把当面指责过他的过错邵惠西作为自己的挚友:"直哉,吾友!"试想假如他没有超乎常人的胸怀以及高超的智慧,又如何能做到这一点呢?

败经

—— 看智者久立不败之术

实败篇

虚虚实实，虚实无形

【原文】

兵法最忌"形见势绌"四字，常宜隐隐约约，虚虚实实，使贼不能尽窥我之底蕴。若人数单薄，尤宜知此诀。若常扎一处，人力太单，日久则形见矣。我之形既尽被贼党觑破，则势绌矣，此大忌也，必须变动不测，时进时退，时虚时实，时示怯弱，时示强壮，有神龙矫变之状。老湘营昔日之妙处，全在乎此。此次以三百人扎牛角岭，已是太呆，正蹈形见势绌之弊。除夕曾函止之，十一日五旗失隘后，再以第三旗扎此，则更呆矣。仰即熟思审度，不可扎则竟撤之，聚合一处，俟贼至则并力决战，得一胜而锐气全复矣。如虑贼抄我军后路，即退保乐平，亦无不可，不必定有进而无退也。

【译文】

兵法中最忌讳"形见势绌"这四个字。打仗就应该将自己的部队隐藏得隐隐约约，虚虚实实的，使敌军不能准确掌握我军的情报和机密情况。尤其是在以弱迎强的时候，更应该注意这一点。如果人数又少，而且长时间驻扎在同一个地方，那军中情报早晚被敌军摸清，我军在明，敌在暗。这是最忌讳的交战形态。必须变化不测，有时前进，有时后退；有时表现虚，有时表现实；有时显示怯弱，有时显示强壮，具有神龙千变万化的样子。我湘军中的老部队过去巧妙的地方，全在于这些。这次你的部队三百人驻扎在牛角岭，这样的驻扎方式太呆板了，正犯了"形见势绌"的毛病。除夕的时候已经写信谈过这个问题，十一日五旗失守后，再把第三旗驻扎在这里，这就是错上加错。请你们深思熟虑，审度时势，不能驻扎，就应立即退守。将所有的军队集合起来。等敌人来时，大家就可以群起而围之，与敌人展开决战。眼下只要一次军事上的胜利，就能大大提升我军的士气。不过如果敌人摆出一副抄袭我们后路的架势，你们就应当立即退守保住乐平，这也不是不可以的，进与退的选择一定要审时度势。

【解读】

咸丰九年（1859）正月，曾国藩在建昌营中，奉谕旨统筹前线的全局。但是此时湘军将领张运兰，带着自己的三百人驻扎在牛角岭。要知道当时的牛角岭是前后都没有增援部队，孤军驻扎形式十分危急。曾国藩知道后立即给张运兰写信制止。认为这样的部署太死板了，非常容易遭到敌人的攻击。结果五旗失守，他们还是没有吸取教训，又把第三旗驻扎在这里，曾国藩讲这就更呆板了。他提出了用兵当深思熟虑，不能驻扎，就应退守，必须变动不测，时进时退，时虚时实，让敌人摸不着头脑。曾国藩十分熟悉古代军事家虚实多变的用兵策略，他平时筹划战争就十分重视以实击虚，虚实结合这一重要作战原则。湘军从始至终，几乎都没有改变与太平军的力量对比。湘军即便是在鼎盛时期也只不过三十万人。而曾国藩根据实际情况，制定出了"避实击虚、虚实多变"的军事策略。找准太平军的薄弱点攻击。假如没有曾国藩这一军事策略的指导，湘军是绝无可能夺取最后的胜利的。

不迷恋虚名，不贪图实利

【原文】

第声闻之美，可恃而不可恃。兄昔在京中颇著清望，近在军营亦获虚誉。善始者不必善终，行百里者半九十里。誉望一损，远近滋疑。弟目下名望正隆，务宜力持不懈，有始有卒。治军之道，总以能战为第一义。倘围攻半岁，一旦被贼冲突，不克抵御，或致小挫，则令望隳于一朝。故探骊之法，以善战为得珠，能爱民为第二义。能和协上下官绅为第三义。愿吾弟兢兢业业，日慎一日，到底不懈，则不特为兄补救前非，亦可为吾父增光于泉壤矣。精神愈用而愈出，不可因身体素弱过于保惜；智慧愈苦而愈明，不可因境遇偶拂遽尔摧沮。

【译文】

名声这个东西，可信可不信。哥哥我过去在京城为官的时候，那在京城的名望也是相当高的。而且近些年在军营里带兵，也为自己攒下了不少的虚名。但是这种好的名声并不一定就是长久的。走一百里路，走了九十里只能算走了一半。名望一旦下降，远近的人都产生怀疑。你目前名望正高，务必要坚持不懈，有始有终。治理军队的道理，能征战是第一要义。如果围攻半年，一旦被敌人冲破，不能取胜，或者受到小挫折，那么你的名声一个早晨的时间便下落了。所以说探骊的方法，以善战就算得到珠，能爱民为治军第二要义。能协调上下官员、绅士的为治军第三要义。希望弟弟能兢兢业业的带兵，一天比一天谨慎，一直坚持不懈地努力和进步，这不仅能弥补我过去对你们的亏欠，而且还可以告慰我们九泉之下的父母。脑子这东西是越用越灵活，所以用脑子不必像爱护身体那样舍不得用。智慧这东西是越经历磨难，越能提高，所以不该因为一时的挫折就自暴自弃。

【解读】

曾国藩一生都是手不释卷，但是他也免不了好名好胜的意念参与其间。他在不断取得功名利禄的同时，也深深地明白成功的背后，或许就暗藏着各种的危机，为此他经常写信劝诫几个弟弟：做人做事，不可有太强的功名心，"名心切，故以学问无成，德行未立"。应该脚踏实地地去做事情，虚名可以有，但那绝对不是最关键的东西。他强调说："我们兄弟报国，总求名实相副，劳赏相当，才足任事，从这三点切实做去，或可免于大祸。"曾国藩认为，对功名的渴望和俗念过多，是他身上最大的两个缺点。这两大缺点不仅阻碍了他对更高境界的追求，而且同时也伤害了他的身体。

华丽的东西不实际，实际的东西不华丽

【原文】

　　以诸葛之智勇，不能克魏之一城；以范、韩之经纶，不能制夏之一隅。是知兵事之成败利钝，皆天也，非人之所能为也。近年书生侈口谈兵，动辄曰克城若干，拓地若干，此大言也。孔子曰："攻其恶，无攻人之恶。"近年书生，多好攻人之短，轻诋古贤，苛责时彦，此亦大言也。好谈兵事者，其阅历必浅；好攻人短者，其自修必疏。今与诸君子约为务实之学，请自禁大言始。欲禁大言，请自不轻论兵始，自不道人短始。地方新复之后，善后事宜，俱应悉心整理。惟求治亦不可过急！该署牧甫经抵任，即思百废俱举，政教并兴，事虽易言，宜就所当务者次第施行。做一件，算一件，行一步，算一步。读书人之通病，往往志大言大，而实不副也。

【译文】

以诸葛亮的智谋韬略，竟然最后无法夺取魏国的一座城池。这种弹丸小国都无法征服。由此可见，军事上是否能够成功，主要还是取决于天意的安排，并不全是人为就能完全操控的。近些年来，那些读书人动不动就纸上谈兵，动不动就说攻城掠地，开疆扩土，其实这些人只会说大话。孔子说："攻其恶，无攻人之恶。"近些年，读书人大多喜欢攻击别人的短处，轻易诽谤古人，批评时政，这也是说大话的表现。信口谈论兵事的，他的阅历一定很浅；喜欢攻击人们短处的，他的自身修养一定不足。现在和各位君子约定，要做到务实，一定从禁止自己说大话开始。要想禁止说大话，请从自己不轻易议论兵事开始，从自己不再议论别人的不足开始。地方收复以后，各种事情都应认真整理。只力求治理也不可过急。你这个代理州牧才到任，就想让百废俱举，政教并兴，事情往往是说着容易，做起来很难。你应该按照一定的顺序，去有条不紊地做事情。做一件，算一件；走一步，少一步。而读书人的通病就是喜欢迈大步子。他们的志向是很高远的，但是成天大话连篇，有实际行动的却寥寥无几。

【解读】

曾国藩说："好谈兵事者，其阅历必浅。"

在曾国藩的周围，有着众多的文人墨客，这些雅士经常谈论一些国家兴亡的大事，但是误国者也不在少数。而曾国藩一向讲究身体力行，用行动解答一切问题。他对那些空谈之人厌恶到了极点。他说："凡是不思索考核，信口谈兵者，鄙人不乐与之尽言。"他在选择人才时，也特别重视"纯朴"。

纯朴就是要尚实、无官气、不虚夸，不是以大言惊人，巧语媚上，而是具有踏实苦干的作风。做任何工作，都要脚踏实地、一步一步地前进，饭要一口一口地吃，工作也应一件一件地做。要想成功，少说多做是关键。少说空话、虚话，多做实事、真事。把所有的想法都付诸现实行动中。只有这样，才能做出真正的成绩。

败经

——看智者久立不败之术

疏败篇

审核人才要全面

【原文】

臣之愚见，愿皇上坚持圣意，借奏折为考核人才之具，永不生厌斁之心。涉于雷同者，不必交议而已；过于攻讦者，不必发钞而已。此外则但见其有益，初不见其有损。人情狃于故常，大抵多所顾忌，如主德之隆替，大臣之过失，非皇上再三诱之使言，谁敢轻冒不韪？如藩臬之奏事，道员之具折，虽有定例，久不遵行，非皇上再三迫之使言，又谁肯立异以犯督抚之怒哉？臣亦知内外大小，群言并进，即浮伪之人，不能不杂出其中。然无本之言，其术可以一售，而不可以再试，朗鉴高悬，岂能终遁！方今考九卿之贤否，但凭召见之应对；考科道之贤否，但凭三年之京察；考司道之贤否，但凭督抚之考语。若使人人建言，参互质证，岂不更为核实乎？臣所谓考察之法，其略如此。

【译文】

　　为臣的意思是，希望皇上能坚守您下达的圣意，以批改奏折的机会来考核人才的方法，永远都不会产生厌烦心理。涉及雷同的，像这样的事情不必交大臣讨论；内容过于激烈的，您置之不理就是了。除此以外的奏折，您只选择那些有益的，无视那些有害的就是了。人们都习惯于旧有的常规，而且大部分还有许多顾忌，如国君德行的盛衰，大臣的过失，如果不是皇上再三诱导他们，使他们讨论，谁肯轻易去冒天下之大不韪呢？如藩臬上朝奏事，道员呈递奏折，虽有固定的条例，却长久不遵照实行，如果不是皇上再三督促他们发表言论，谁又敢标新立异，以至触怒督抚呢？我也知道，内外大小官员，许多建议同时呈交上来，就是那些轻浮虚伪的人，也不可能不混在他们中间。但是那些没有根据的言论，骗人伎俩可以施展一次，而不可能反复使用，皇上您就像一面明朗的镜子一样悬挂在高堂中，那么这些人的鬼蜮伎俩怎么能逃脱出您的最终鉴察呢！如今考核九卿是贤还是不贤，只通过殿试的问话来判断。考核科道的是贤还是不贤，只通过三年的京城考察来实现。考核司道的贤与不贤，只依据督抚的评语来下论断。这些做法都是比较片面的。如果可以让大家当面各抒己见，中间也好有个对比、参考，这样的评价方式，来得更为切实可靠。而我所推荐的选材方法，大致就是这些了。

【解读】

　　曾国藩不仅很重视对人才的选拔，而且他也有着自己独到的"甄别"人

才的方法。他所注意到的人，一定会对其长期的考察后，再对这个人是否是个可用之才做论断。比如年轻时期的李鸿章，那也是曾国藩的得意门生。但是曾国藩有段时间也故意冷落过李鸿章。不仅是旁人不理解，就连李鸿章自己也深深地疑惑。其实是曾国藩看出那时的李鸿章身上还不免有着很强的骄气。曾国藩希望通过冷落他的方式，杀一杀李鸿章的傲气。事实证明，如果没有曾国藩的良苦用心，李鸿章或许也就不会成为一代名相。

雅量容人，以德服人

【原文】

圣门好言仁。仁即恕也。曰富，曰贵，曰成，曰荣，曰誉，曰顺，此数者，我之所喜，人亦皆喜之。曰贫，曰贱，曰败，曰辱，曰毁，曰逆，此数者，我之所恶，人亦皆恶之。吾辈有声势之家，一言可以荣人，一言可以辱人。荣人，则得名，得利，得光耀。人尚未必感我，何也？谓我有势，帮人不难也。辱人则受刑，受罚，受苦恼，人必恨我入骨。何也？谓我倚势，欺人太甚也。吾兄弟须从恕字痛下工夫，随在皆设身以处地。我要步步站得稳，须知他人也要站得稳。所谓立也。我要处处行得通，须知他人也要行得通。所谓达也；今日我处顺境，预想他日也有处逆境之时；今日我以盛气凌人，预想他日人亦以盛气凌我之身，或凌我之子孙。常以恕字自惕，常留余地处人，则荆棘少矣。

【译文】

圣门都喜欢讲仁道。仁就是宽恕，博大之心。说的富、贵、成、荣、誉、顺，

这一切，都是我喜欢，大家也都喜欢。说到贫、贱、败、辱、毁、逆，这一切，是我讨厌的，也是大家共同讨厌的东西。我们这些有权利的人家，有时候嘴巴一张，就能让一些人得到荣耀，有时候一句话，也能让一些人受到屈辱。所谓的光环荣耀，无非就是得到名，得到利，得到光宗耀祖的机会。即便你让他得到了这些，他也不一定会感激你。这是为什么呢？说我们有权有势，帮助人也不是很难的事情。使人受到耻辱，就是让人受到刑，受到罚，受到苦恼，人们一定恨我入骨。为什么呢？认为我们倚仗权势，欺压他们太狠了。我们兄弟一定要在"恕"字上痛下工夫，就是无论何时何地都要设身处地想想。自己要想步步站得稳，一定要让别人也站得稳，这就是所说的立己也立人。自己要想处处行得通，一定要让他人也行得通，这就是所说的达己也达人。今日自己处于顺境，预想他日也有处于逆境的时候；今天你用自己的权势欺压别人，明天别人得了势，也会用相同的办法来欺压你的子孙。所以时常用"宽恕"来告诫自己，做人做事都要留有一定的余地，那么棘手的问题就会减少了。

【解读】

曾国藩并非只是口头上讲"恕"道，无论是他的做事风格，还是他的度量都做到了"荣辱相容"的境界。他与左宗棠的关系，代表了他待人忠恕的一面。为什么这么说呢？历史上的左宗棠是一个恃才傲物的人，平常说话用词尖锐，与曾国藩常有抵触的时候。但是曾国藩器量不凡，从不会因为公事上的辩驳，而影响到两个人的私人关系。不仅如此，曾国藩曾经多次上奏，保荐左宗棠，可见曾国藩的器量，是一般人比不了的。

败经

——看智者久立不败之术

愚败篇

情态学观人、识人

【原文】

容貌者,骨之余,常佐骨之不足。情态者,神之余,常佐神之不足。久注观人精神,乍见观人情态。大家举止,羞涩亦佳;小儿行藏,跳叫愈失。大旨亦辨清浊,细处兼论取舍。

有弱态,有狂态,有疏懒态,有周旋态。飞鸟依人,情致婉转,此弱态也。衣衫不履,旁若无人,此狂态也。坐止自如,问答随意,此疏懒态也。饰其中机,不苟言笑,察言观色,趋吉避凶,则周旋态也。皆根其情,不由矫枉。弱而不媚,狂而不哗,疏懒而真诚,周旋而健举,皆能成器。反之,败类也。大概亦得二三矣。

【译文】

容貌是骨骼的外在表现,容貌的好坏,在一定程度上能弥补骨骼的不足。而神态是一个人精神的外在表现。神态的端庄,能弥补精神上的不足。如果长时间观察一个人的神态,你就可以了解这个人的精神世界。而人的第一印象，总是第一个看到人的情态。如果这个人是大家情态，即便这个人表现得非常羞涩，那还是会给人一种贵相的印象。相反，如果这个人的情态过于幼稚，而且越是以夸张的动作去掩饰自己幼稚的情态，那更会显得这个人稚嫩和粗俗。在观察人的时候，不仅要分辨清楚这个人的情态，而且对于细微之处的观察更是要分出主次，以此来更准确地看待一个人的精神。

我们比较常见的情态，大约分为这么几种，即委婉柔弱的情态，狂放不羁的情态，怠慢懒散的情态，交际圆滑周到的情态。犹如小鸟依恋主人般情意委婉娇柔的，这就是委婉柔弱的情态。如衣冠不整，不修边幅，恃才傲物，目中无人的，这就是狂放不羁的情态。对自己的言行毫无约束的，想干什么就干什么，想怎么说就怎么说，这就是怠慢懒散的情态。而喜欢将自己的精神隐藏起来的，整日里摆着一副严肃正经、不苟言笑；在与人交往的时候总是在察言观色，处理问题善于趋吉避凶，这就是交际圆滑周到的情态。上面所提到的四种情态，其实都是源自内心的真情所致。这种内心的流露一般是很难装出来的。以上表述的四种情态，其实全部是来自内心的真情，不容易随意地虚伪造作。不过虽然委婉柔弱，但不会曲意逢迎；虽然狂放不羁，但从不喧哗取闹；虽然怠慢懒散，但却从不失坦诚纯真；虽然交际圆滑，但不强干豪雄。如果能做到这几点，这个人将来必定能成大器。可是如果与上面的情况恰恰相反的话，那他将来一定是个一无是处的人。因为情态是千变万化的，所以人们总是很难去把握它。不过通过大致观察，这个人将来究竟是会成为一个有用之才，还是会成为一个无用之人，也是能看出两三分的。

【解读】

曾国藩对"情态"识人这方面还是颇有心得的。他给人总结出了四种情态：弱态、狂态、疏懒态、周旋态。而且给每种情态都下了一个很贴切的定义和分析。虽然看似分析得不是很细，但是细细琢磨，会发现曾国藩在看人方面，

眼光确实非常毒辣。

弱态之人，这样的人性情比较温和，也比较容易相处，而且往往是这类的人最容易多愁善感，优柔寡断，缺乏一锤定音的魄力。即所谓的"多才惹得多愁，多情便有多忧，不重不轻正候，甘心消受，谁叫你会风流"之人。但这一类人的优点也比较突出，他们的内心比较敏感，对事物的感受也非常深刻，情感丰富。如果从事文学艺术事业或宗教慈善事业，往往有可能做出一定的成就。这种人办起事来让人放心，但不太适合开创性的工作。

狂态之人，这一类人往往不安于自己的现状，容易怨天尤人，对社会的弊端喜欢无情批判。而他自己则是耿介高朴，不拘一格，自成一派。也正因为这类人过于的另类，所以很少有人真正能读懂他们。但这类人有钻劲，又聪明，肯发奋，持之以恒，终能有过人的成就。历史上如郑板桥等人，就属于这一类。但过于狂傲，失却分寸，又可能给自己带来不少麻烦。如三国时的杨修，恃才傲物，又不肯遵军纪，随便乱说，掉了脑袋。祢衡，三国著名的狂士。他不仅不服于任何人，而且胆敢裸身击鼓骂曹。只可惜为此丢了性命。他们的死，并非都是曹操的过失，多少有些咎由自取的意味。

疏懒态之人，这类的人往往都非常有才华。但是他们对世俗的一些东西往往嗤之以鼻，特立独行。如果这样的人能有一颗纯真的心，那他们真的可以广交天下朋友，尤其是在诗歌文辞方面容易有建树。疏懒往往只是他们人格的一个侧面，如果某种事业或某项工作确实吸引了他们，他们会全身心地投入其中，而孜孜不倦勤奋无比。虽然他们在日常生活中会疏懒不堪，但有一点则是无疑的，即决不能做官。上一级官员一般不会选择他们做属下，而他们既不善于同你相处，也不善于待人接物，更不会奉承巴结上司。他们这么做多半是因为不愿在这些人际关系方面去浪费精力和时间，因此他们宁可挂冠弃印，拂袖而去。比如陶渊明，放着官府衣食无忧的生活不过，毅然辞官返回乡下，从此过上了"采菊东篱下，悠然见南山"的神仙生活。尽管他们的生活看似比较拮据，但是他们的精神世界却非常富有。

周旋态之人，这类人脑子转得非常快，善于察言观色。有时候你在跟他说一件事的时候，他们的脑子里想的可能是好几件事。而且这类人在待人接物上做得非常得体，应付自如。是天生的外交家。其办事能力也很强，往往能独当一面。假若在周旋中别有一种强悍豪雄之气，那么在外交场合，也能折冲樽俎，建功立业。古人所谓"会盟之际，一言兴邦；使于四方，不辱廷命"，就是说的这种人。

前面所讲的各态，各有所长，各有其短。作为用人者，应扬其长，避其短。在察看之时则应从细小处入手，方可明断其是非真假。正大者可成栋材，褊狭者会成败类，应妥加区分。

官员们的"五到"原则

【原文】

取人之式,以有操守而无官气,多条理而少大言为要。办事之法,以五到为要。五到者,身到、心到、眼到、手到、口到也。身到者,如作吏则亲验命盗案,亲巡乡里;治军则亲巡营垒,亲探贼地是也。心到者,凡事苦心剖析大条理、小条理、始条理、终条理、理其绪而分之,又比其类而合之也。眼到者,著意看人,认真看公牍也。手到者,于人之长短,事之关键,勤笔记,以备遗忘也。口到者,使人之事既有公文,又苦口叮嘱也。

【译文】

选取人才的方法,应该具备的素质包括:有操守但没有太大的官气,做事情条理性要强,忌讳平常乱说大话。而具体办事的方法,要以五到为要求,这五到是身到、心到、眼到、手到、口到。所谓身到,就是当乡里发生凶杀命案时,官吏要亲自勘察案发现场,并亲自到乡村巡视民情;作为统军的将领,就必须亲自巡视军事营地,亲自察看敌情。心到,就是凡事无论巨细都必须认真地辨析它的大条理、小条理、开始时的条理、结束时的条理，理出它们的头绪，按类别区分，再根据类别综合出它们的共性。眼到，就是要认真细致地观察人，认真地读公文。手到，就是对所接触人的优缺点，以及各种紧要的文件，都要随时做好笔记，以防止事务过多导致遗忘。口到，就是虽然下属们有公文作为行事的准则，但是平常还是要苦口婆心地叮嘱他们。

【解读】

曾国藩认为，即便是身居高位的人，应当以知人善任，明理为自己的天职，而且还能以他是否能知人善任、明理来判定他是君子还是小人。若想用人得当，必须对所用之人有充分的了解；取决于是否真正了解人；若想对所办的事情有充分的自信，就必须对事情有充分的理解。假如对人达不到足够的了解，你就无法真正做到知人善任。不明白事情的来龙去脉，便不可能把事情办好。如果使用的人不称职，所办的事措施不当，最终导致失败，即便当事人并无其他私心杂念，但于国于民的受损，已是不可避免的。因而曾国藩提出了"取人之式，以有操守，多条理为主"的用人标准。他的这个标准是在前人经验的基础上总结出来的圣贤之道。

【原文】

天下无现成之人才，亦无生知之卓识，大抵皆由勉强磨炼而出耳。《淮南子》曰："功可强成，名可强立。"董子曰："强勉学问，则闻见博；强勉行道，则德日进。"《中庸》所谓"人一己百，人十己千"，即强勉功夫也。今世人皆思见用于世，而乏用世之具。诚能考信于载籍，问途于已经，苦思以求其通，躬行以试其效，勉之又勉，则识可渐进，才亦渐立。才识足以济世，

何患世莫己知哉？

【译文】

　　天下本来就没有现成的人才，更没有生来就具有远见卓识的人。那些人才都是通过后天的磨难锻炼出来的才能。《淮南子》里说："建立功劳，可以通过加倍的努力来实现。获取名声，可以通过加倍的努力来获得。"董仲舒也说过："努力地做学问，知识就会渊博；努力地按理行事，道德修养就会步步精尽。"《中庸》里所说的"别人花一分工夫，你要花上百分，别人花十分工夫，你要花上千分"的话，就是在告诫人们一定要加倍努力才能获取成功。现在的人都企盼为世所用，却缺乏拯救社会的才略。如果真正能从古代典籍中加以考证，再向那些过来之人学习，苦苦思索以求贯通，并且能亲身去实践那些真理。通过自己的努力，去验证那些真理究竟有多大的效果。一个人的才识若是能有益于这个社会，那还用愁天下人不知道你吗？

【解读】

　　曾国藩不仅注重选拔人才，而且还注重培养人才。曾国藩把各种人才招来以后，先要对这些人进行调研。调研的目的是为了了解这些人有哪些优点，又有哪些缺点，而且还会给这些人定下一个考察期。通过耐心的考察，来辨别这个人是君子还是小人。然后将各类人才调往最适合他的工作岗位，让这些人才各尽其才，不浪费每一个有用之才。所以，除了一些直接破格授以重任外，曾国藩一般是将所罗致的人才先安置到自己的幕府（即大本营内），让他们办理文稿、充当参谋等，使他们得到实际工作的锻炼。增长才干，取得实践经验，同时对他们进行经常性的品德教育与熏陶。这种熏陶、教育、培养，既有他以自己日常生活中一举一动的无言表率来潜移默化，也有的时候，他会通过亲自对这些人的训话、交谈和约束，来强化自己的教育。

败经

——看智者久立不败之术

奢败篇

奢侈变勤俭，长江难西流

【原文】

历览有国有家之兴，皆由克勤克俭所致。其衰也，则反是。余生平颇以勤字自励，而实不能勤。故读书无手抄之册，居官无可存之牍。生平亦好以俭字教人，而自己实不能俭。今署中内外服役之人，厨房日用之数，亦云奢具。其故由于前在军营，规模宏阔，相沿未改，近因多病，医药之资漫无限制。由俭入奢易于下水，由奢反俭难于登天。

【译文】

纵观一个国家，或是一个家族的兴旺，都是由节俭和勤劳造成的。相反，一个国家或一个家族的衰败，也是由懒惰和奢侈造成的。我这辈子非常重视用"勤"这个字来勉励自己。但是实际上我是真的没能做到勤，比如我读书从来都没有记过手抄，比如我做官时从来都没有想过保存过去的公文。我平生总是用"勤"字来教育别人，但时常扪心自问，自己是否真的做到了"勤"，今天署中内外服役用这么多人，每天花去的费用也算是个庞大数字了。这也是一种奢侈。究其原因，还是因为这里的前任在军营里太爱讲排场。以致于给这里的人惯下了毛病。最近以来我身体又多病，吃药的花销更是漫无限制。从节俭变为奢侈，就跟那水流流动一样容易。不过由奢侈到节俭，就如同让水倒流，那怎么可能呢？简直比登天还难呀！

败经·奢败篇

【解读】

曾国藩的理财之道，就是从"节俭"入手。或许是由于从农耕之家出身的原因吧，曾国藩从小就明白"每一粒米都来之不易"的道理。因此他常常告诫自己的那些下属，尽量不要去铺张浪费，一文钱难倒英雄汉。尤其是部队财务管理上，对军营里的大吃大喝现象坚决杜绝。他认为大吃大喝是很容易伤害到自己的身体的，也不利于自己德行的培养。而在家庭财务管理上，曾国藩规定："家里的男孩子一律不许乘坐轿子出门，出门都得选择步行。而女孩子虽然不宜出去抛头露面，但是在家里也不能懒惰，都得学习烧水做饭这些生活家务。家里有书、有蔬菜、有鱼、有猪，可以显示一个家庭的生气；少睡觉，多做事，可以显示一个人的生气。勤快，就是生动之气；节俭，就是收敛之气。一个家庭能做到既勤且俭，那就绝对不可能不兴旺发达。曾国藩在这里之所以反复强调勤俭的重要性，目的在于教育子女要懂得生活之艰辛。当然，最重要的是不愿意看到子孙后代过贫困潦倒、低三下四去乞求得到别人恩赐的生活。如何才能避免家里的孩子败落呢？唯有"节俭"方可保持家族长盛不衰。

勤俭持家，奢侈败家

【原文】

　　围山嘴桥稍嫌用钱太多，南塘竟希公祠宇亦尽可不起，湖南做总督者不止我曾姓一家，每代起一祠堂，则别家恐无此例，为我曾姓所创见矣。沅弟有功于国，有功于家，千好万好但规模太大，手笔太廓，将来难乎为继。吾与弟当随时斟酌，设法裁减，此时竟希公祠宇业将告竣，成事不说，其星冈公祠及温甫、事恒两弟之祠皆可不修，且待过十年之后再看。至嘱至嘱。

　　余往年撰联赠弟，有"俭以养廉，直而能忍"二语。弟之直人人知之，其能忍，则为阿兄独知；弟之廉人人料之，其不俭，则阿兄所不及料也。以后望弟于俭字加一番工夫，用一番苦心。不特家常用度宜俭，即造公费，周济人情，亦须有一俭字的意思。总之，爱惜物力，不失寒士之家风而已，莫怕寒村二字，莫怕悭吝二字，莫贪大方二字，莫贪豪爽二字。

【译文】

修建山嘴桥的花销太大，而且南塘竟希公的祠堂也尽可不盖，湖南人能做督抚的，我们曾家又不是第一个。如果每一代都要造一座祠堂，恐怕以前还没有过这个先例吧，为我们曾家所先创。沅弟无论是上对国家，下对家族，都是有着很大的功的。可纵使有着千好万好，奈何沅弟出手太过阔绰，这恐怕并非是好的兆头啊。对此，我和你应随时斟酌，想方设法能制止一下，既然竟希公的祠堂即将竣工，那就不再说了。星冈公和温甫、事恒两弟的祠堂都不许再修了，再过个十来年再说。切记，切记。

我以前赠送过你对联，对联里有"俭以养廉，直而能忍"这么两句话。你的正直坦率，这是人所共知的事情。而你的忍耐，却只有我一人知道。你为官的清廉是人人都知道，但是你的不俭朴，确是我始料未及的。所以我希望你日后能在"节俭"上多下点工夫。多用一番苦心。钱多得没处花了，可以拿出来赞助一些公共事业，或者可以周济一下那些穷人，这也属于俭省的范畴。总之，爱惜人力物力，不要丢掉咱们寒门的家风。不怕别人说咱家寒酸、吝啬，手不要过于豪爽、大方。

【解读】

做官的人，在官位上呆久了，不免性情上就会发生一些变化。做官之前穷困潦倒，当官时间长了，他开始变得挥霍无度。当官之前他诚恳待人，当官之后他变得盛气凌人，骄傲自满。有时候之所以会产生这样的变化，并不

是自己能控制的，而是官场的风气逼着他必须随波逐流。这是曾国藩做官多年总结出来的一条官场规律，他本身就深有体会。

若想将一个家治理得井井有条，养成节俭的生活习惯非常重要。帮助家人实现居家的节俭，曾国藩有一套自己的成熟想法。在这套方法中，曾国藩以儒家礼教为纲，既要求严格，又不失人情，更设身处地地为儿女的将来考虑，这样的治家谋略在封建社会尤为可贵。

以俭养廉，奢华必衰

【原文】

崇俭约以养廉。昔年州县佐杂在省当差，并无薪水银两。今则月支数十金，而犹嫌其少。此所谓不知足也。欲学廉洁，必先知足，观于各处难民，遍地饿莩，则吾人之安居衣食，已属至幸，尚何奢望哉？尚敢暴殄哉？不特当廉于取利，并当廉于取名。毋贪保举，毋好虚誉，事事知足，人人守约，则可挽回矣。

【译文】

国家提倡节俭的生活方式，是为了培养官员养成廉洁之风。过去，各地方的官员到省城来，国家从来都不发薪水和路费。可如今呢，每个月固定每人发十两银子，他们还嫌少。这就是典型的不知足啊。若想做到廉洁，首先得懂得知足。看看那些流离失所的难民，遍野都是饿死人的。再看看我们这些不愁吃喝，不愁穿戴的人，和他们比，我们已经是很幸福的了。哪里还能有更多的奢望呢？哪里还敢浪费、糟蹋东西呢？利益和名誉的获取，我们要通过正当的方式。不要等着靠别人的推荐而飞黄腾达，也不要过于贪图那些虚名。事事都有个知足，人人守法不乱纪，廉洁之风自然也就形成。

【解读】

在我国封建社会，读书人读书的目的，无非就是发家致富，出人头地。而曾国藩年仅三十岁时，就身居正二品的职务，不可谓不显赫。但当时曾国藩立誓，做官决不为发家致富。他说："予自三十岁以来，即以做官发财为可耻，以官（宦）囊积金遗子孙为可羞可恨，故私心立誓，总不靠做官发财以遗后人，神明鉴临，予不食言。"

每一个时期，曾国藩都会为自己立下一个志向，而每一个志向的制定，曾国藩绝对会严格地执行。曾国藩一生最大的长处，就在于他凡立志去做的事，困难再大也要办到，就一定要做到。既然发誓不发财，就坚决恪守自己的誓言，他一生以勤俭自守，衣着十分简朴，布袍鞋袜，多系夫人、媳妇所做。他十分崇敬清代两位著名的清官于成龙和张伯行。并以他们为楷模，以勉励自己。

败经

——看智者久立不败之术

躁败篇

舍小保大的生存之道

【原文】

适闻初六常州克复,初八丹阳克复之信,正深欣慰。而弟信中有云"肝病已深,痼疾已成,逢人辄怒,遇事辄忧"等语,读之不胜焦虑。今年以来,苏浙克城甚多,独金陵迟迟尚无把握。又饷项奇绌,不如意之事机,不入耳之言语,纷至迭来。余尚愠郁成疾,况弟之劳苦过甚,百倍阿兄,心血久亏,数倍于阿兄乎?余自春来,常恐弟发肝病,而弟信每含糊言之,此四句乃露实情。此病非药饵所能为力,必须将万事看空,毋恼毋怒,乃可渐渐减轻。蝮蛇螫手,则壮士断其手,所以全生也。吾兄弟欲全其生,亦当视恼怒如蝮蛇,去之不可不勇,至嘱至嘱。余年来愧对老弟之事,惟拨去程学启一名将,有损于阿弟。然有损于家,有益于国,弟不必过郁,兄亦不必过悔。顷见少荃为程学启请恤一疏,立言公允,兹特寄弟一阅,请弟抄后寄还。

【译文】

刚才听消息说初六时攻克常州,而初八收复了丹阳,我心里甚感欣慰。然而在信中我又看见"肝病加重,这病已经加重了许多,看见人就想发怒,遇到事情就发愁"等词语。读过这些,我甚为不安。今年以来,李鸿章、左宗棠率军在江、浙两省连克多座城池，捷报一个接着一个。唯独沅弟你围困的南京城迟迟不能拿下。加上现在的粮饷短缺，那些流言蜚语、不堪入耳的话也是纷至沓来。为此我都气出病来，更何况九弟你比我更加劳累，你的痛苦胜我百倍啊。我自今年大春以来，时常担心九弟的肝病发作，而九弟每次信中对病情都含糊其辞。这次信中的"肝病加重，已经形成难愈的痼疾，看见人就想发火，遇到事情就发愁"四句，乃是实情的流露。此病并非药物所能治疗的，必须心胸开阔，将万事看透，不要生气发怒，这样才能渐渐减轻病痛。就像蝮蛇咬住手，壮士就砍折手臂，方可以保全性命一样。我们兄弟要想保全性命就应当把恼怒看做是蝮蛇一样，除掉它不可不勇猛果断，再次叮嘱。我近年来愧对老弟的事情，只有调走程学启这位名将对老弟有损害。然而有损于家，有益于国，九弟不必过于忧愁，为兄我也不会过于懊悔。刚才看见李鸿章为程将军，向皇上写的体恤奏折，里面所用言辞十分公正，特此寄给九弟一阅，请九弟抄后寄还为要。

【解读】

同治元年（1862）五月曾国荃率湘军连克大胜关、秣陵关、三汊河等地的太平军，与水师会合之后，又接连拿下了头关、江心洲、蒲包洲等地，湘军得以兵临金陵城下，进驻雨花台。那时正是曾国荃建立大功勋的好时机，但曾国藩却为自己的弟弟时时担心不已。金陵方在进兵之始，而曾国藩竟考虑退路，在这年秋冬，当时湘军刚刚展开对金陵城的围困时，曾国藩却做好了辞职的准备。并且他还给曾国荃写信，让他放弃围困金陵城的念头。同治二年（1863）四月，曾国藩第二次向朝廷上书，请求辞去两广总督及钦差大臣的职务，向朝廷表示自己并无贪权之念。

曾国藩的辞呈，虽然得到了朝廷的一再挽留，但是这依然解不了曾国藩心里的担忧。同治元年（1862）年冬天，曾国荃率湘军与太平天国忠王李秀

成的三十万大军展开了决战，这次战斗历时四十多天。当时湘军士兵中，已经爆发了严重的瘟疫，不少湘军士兵都纷纷病倒。加上当时的主将曾国荃的肝病加重，种种不利的消息又怎能不让曾国藩焦虑。

自我节制，时时自省

【原文】

沅弟昔年于银钱取与之际，不甚斟酌，朋辈之讥议菲薄，其根实在于此。去冬之买梨头嘴、栗子山，余亦不大谓然。以后宜不妄取分毫，不寄银回家，不多赠亲族，此廉字工夫也。谦之存诸中者，不可知，其著于外者，约有四端：曰面色，曰言语，曰书函，曰仆从属员。沅弟一次添招六千人，季弟并未禀明，径招三千人，此在他统领所断做不到者，在弟尚能集事，亦算顺手。而弟每次来信，索取帐篷子药等件，常多讥讽之词，不平之语，在兄处书函如此，则与别处书函更可知已。沅弟之仆从随员，颇有气焰。面色言语，与人酬接时，吾未及见，而申夫曾述及往年对渠之词气，至今饮憾。以后宜于此四端，痛加克治，此谦字工夫也。每日临睡之时，默数本日劳心者几件，劳力者几件，则知宣勤王事之处无多，更竭诚以图之，此劳字工夫也。

【译文】

往常沅弟在钱财取舍的问题上，做得还是不够谨慎。为此不少的朋友对

此时常讥讽，有所菲薄，其根源实在于此。去年冬天你买梨头嘴、栗子山等地的时候，对于你的做法我就不是很赞同。以后你应不拿不属于自己的钱财，不往家中寄钱，而对亲族也不要多赠银钱。这就是廉的学问。一个人内心里是不是谦虚看不出来，但是可以通过外在的四种表现推测：一是脸色，二是言语，三是书函，四是仆从随员。沅弟你一次添补就征召了六千人，而季弟在没有禀告的情况下，私自征召了三千人，这在其他将领的身上还从未发生过。而你俩尚能成事，还算庆幸。然而你们每次来信，索要帐篷、子弹、火药等，常有很多讥讽之词，不平之语，给自家哥哥的书信都这样，那我估计给别人的书信更是如此。沅弟的仆从、随员颇为嚣张，与人交际时的言语脸色，我虽没有看见，然而李申夫（李榕）讲起往年对他的言辞语气，至今还感到不快。你以后应当在这四个方面痛加改正，管教好自己的仆人，这就是谦字学问。每天睡觉之前，要想一想今天都是干了哪些费心费脑的事情，干了哪些费体力的事情。想过之后，你就明白自己为朝廷立下的功劳还远远不够。以后更应该竭诚效劳，这是劳字学问。

【解读】

　　自湘军围困金陵开始，曾国藩的担忧更是达到了前所未有的程度。不为别的，攻取金陵是整个战局的首功之战，负责进攻金陵的曾国荃的一举一动，都关系到他曾家的荣辱。而此时的曾国藩，可谓是权、利滔天。曾国藩任两江总督、钦差大臣，节制苏、浙、皖、赣四省军务，真可谓勋威冠时。但他仍然小心翼翼，谨慎操持，不敢有丝毫的懈怠，尤其不敢稍见骄满之色。他时时告诫诸弟，世道反复，月有阴晴圆缺，人有旦夕祸福。聪明的人能够在灾难来临之前就提前有所察觉，从而避免灾害。因此，这样的人从来都不会太盈满。不骄不躁，事事谨慎、谦和，这就是曾国藩的立身之道。其实，他早就将以后长远的打算计划好了。

急流勇退里有大学问

败经·躁败篇

【原文】

近又两奉寄谕，令回金陵。文武官绅，人人劝速赴江宁。申夫自京归，备述都中舆论亦皆以回任为善，辞官为非。兹拟于二月移驻金陵，满三个月后，再行专疏奏请开缺。连上两疏，情辞务极恳至，不肯作恋栈无耻之徒；然亦不为悻悻小丈夫之态。允准与否，事未可知。

沅弟近日迭奉谕旨，谴责严切，令人难堪。固由劾官、胡二人激动众怒，亦因军务毫无起色，授人以口实；而沅所作奏章，有难免于讪笑者。计沅近日郁抑之怀，如坐针毡之上。

【译文】

最近又连接两道懿旨，命我速速返回金陵前线。文武官员和乡绅们也都劝我速速启程赶往金陵。李申夫从京城而来，他向我详细介绍了京城的舆论，他们也都认为我应该回江宁，而不应该在此时提出辞职。如今我计划在二月份赶往金陵。等干满三个月之后，我再请求辞职。我接连呈上两篇奏章，态

度也算是比较恳切，向朝廷表明我绝不做贪恋官位、毫无廉耻的人，但也不是故作愤愤不平的姿态。至于奏章能不能被批准，那就不知道了。

沅弟你最近几天接连收到圣旨，圣上将你严厉斥责，这真是让人难以承受。本来是因为弹劾官文、胡家玉二人的，结果就这样激起了众怒，再加上近来军务又没有什么起色，所以也就给人留下了把柄；而沅弟写的奏章，也确实夹杂着讥笑别人的话。我想沅弟最近这些天一定是心情忧郁，如坐针毡。

【解读】

曾国藩有过这样的阐述：一个人手里本来已经抓得很满了，但是如果他还要去抓，那不仅抓不到，而且手里原有的东西还会流失，倒不如就此停止。把武器磨得锋利无比，用起来效果是好了，但是却不能保持长久；满房满屋都堆满了金玉，但最后却没有能守得住的；富贵而骄狂的人，等于自己给自己找麻烦。事业成功，声名已就，就应该做到急流勇退。

急流勇退，古人称之为"撒手悬崖"。曾国藩对于官场的沉浮早已看透，他曾在家信中多次告诫家人：大富大贵，亦靠不住，惟勤俭二字可以持久。又说"不居大位享大名，或可免于大祸大谤"，又言"我兄弟地位高，功劳大，名望也高，朝野都看作第一等大家。楼建得太高，就有倒塌的危险。树长得太高，就有被雷劈的危险。我与老弟时时都有可以预伏危险的征兆，专心讲究宽和、平静、谦逊，或可位高而不危险"。"我自揣精力日衰，不能多阅文牍，而意中所欲看文书又不肯全行割舍，是以决计不为疆吏，不居要任。两三月内，必专疏恳辞。"但是曾国藩的辞呈没有获得清政府的批准，这就使他越发提醒自己要小心谨慎，不可尽享大富大贵。

该退则退，决不可迟疑，退一步天地更宽。而为了保全身家性命，什么权利和荣誉都可以扔掉，那只不过是一堆虚荣罢了。这就是曾国藩明哲保身的退步哲学。

败经

——看智者久立不败之术

急败篇

做官是暂时的，持家是长久的

【原文】

夫人率儿妇辈在家，须事事立个一定章程。居官不过偶然之事，居家乃是长久之计。能从勤俭耕读上做出好规模，虽一旦罢官，尚不失为兴旺气象。若贪图衙门之热闹，不立家乡之基业，则罢官之后，便觉气象萧索。凡有盛必有衰，不可不预为之计。望夫人教训儿孙妇女，常常作家中无官之想，时时有谦恭省俭之意，则福泽悠久，余心大慰矣。

【译文】

眼下夫人带着儿子、儿媳都住在家里，那就必须给家里每件事都立下规矩。在外做官总不能做一辈子，在家过日子才是天长地久的事。如果能在勤俭耕田、勤奋读书上开创一个好的局面，即便是某天辞官回家，家里尚还有一番兴旺的景象。如果沉醉在衙门里的权利，不愿回家乡立下基业，那么辞官之后的家庭生活将会非常萧条。凡事有盛必有衰，这是事物发展的必然规律，所以我们不得不早作打算啊。希望夫人教育儿孙晚辈时，要想象成家里无人做官来教育孩子。要时刻保持谦让、恭敬、节省的态度。那么，这样就可以给子女留下恩福了，这样的话我心里也就欣慰多了。

【解读】

曾国藩作为封建时期的人物，他对于人情世故看得也是非常透彻的。他善于教子，而且曾家的家教非常严格。他主张知足勿贪，于世少求，养成了勤俭持家的家规。他指出：家道的长久，不是依靠一时的官爵，而是依靠长远的家规，不是依靠一两个人的突然发迹，而是依靠众人的全力维持。自己若是那么有福气，宁愿辞官归乡，与弟弟们共同把持家业。而且一再强调对自己的乡里和族人不能怠慢。在兴盛的同时，要为可能到来的衰败的生活多做打算，只有这样家族的根基才会稳固。

功名如云，富贵如烟

【原文】

城事果有可望，大慰大慰。此皆圣朝之福，绝非吾辈为臣子者所能为力。不特余之并未身临前敌者不敢涉一毫矜张之念，即弟备尝艰苦，亦须知谋事在人，成事在天；劳绩在臣，福祚在国之义。刻刻存一有天下而不与之意，存一盛名难副成功难居之意。蕴蓄于方寸者既深，则倘幸克城之日，自有一段谦光见于面而盎于背。至要至要。

弟近来气象极好，胸襟必能自养其淡定之天，而后发于外者有一段和平虚明之味。如去岁初奉不必专折奏事之谕，毫无怫郁之怀，近两月信于请饷请药毫无激迫之辞，此次于辛田、芝圃外家渣滓悉化，皆由胸襟广大之效验，可喜可敬。如金陵果克，于广大中再加一段谦退工夫，则萧然无与，人神同钦矣。富贵功名皆人世浮荣，惟胸次浩大是真正受用。余近年专在此处下工夫，愿与我弟交勉之。

【译文】

拿下金陵城果然非常有希望,心里欣慰、欣慰!这都是我大清的福气啊,绝对不是仅凭我等就能做到的。不但是我没能身临前线,不敢抱一丝一毫的大意,就是老弟你在前线保守战事的辛苦,也时刻不能忘了谋事在人,成事在天,成绩在臣民而赐福于国家的道理。为国家做事是分内之事,即便国家没有任何赏赐,我们也不应该有任何埋怨和不满。保存一分盛名之下其实难副,成就功业者难于自处的心意。如果内心世界饱满深邃,即便是攻克金陵城的时候,你也能处处表现出自己的谦虚之德,这一点至关重要。

近来老弟的精气神不错,心胸开阔才能培养出淡泊、宁静的真性情。比如去年接到不必专门具折奏呈的谕旨时,你丝毫没有愤慨不畅之意。这两个月的来信里,一提到粮饷、弹药的事情时,我也没发现你有激烈、率直的言辞。更重要的是,此次对辛田、芝圃诸外家全无芥蒂。这都是老弟你胸怀广大所取得的成效啊,实在是可喜可敬。如果将来攻克了金陵,老弟能以博大的胸怀和谦让的态度对待自己的成功,那你就真的做到超然物外了。如此一来,你的风范将会得到神一般的赞美。富有、显贵、功绩、声名,这些都是人世间虚浮的荣誉,只有心胸博大的人才算是真正的享受。近年来,我在这方面颇有一些研究,希望与老弟共勉。

【解读】

曾国藩认为,功高震主,必然会遭来一些人的嫉妒和仇视。所以在曾国荃攻打天京的前夕,曾国藩一再告诫曾国荃攻成之后,切莫将功劳一人独吞。所谓树大招风,与人分享利益和名誉是曾国藩的一贯做法。每次打仗,他都

不以首功自居，每次在写封赏名单的时候，总是将其他将士的名字放在自己名字的前边。例如，在担任两江总督时，为了搞好关系，曾国藩就特别注意将满人都督官文的功名摆在自己之前。后来，曾国藩费尽心思将长江水师改制，这样一件很大的事，曾国藩又将官文的名字推到自己前面。这是为什么呢？曾国藩分析了官文的为人。官文既仇视湘军，又沾了湘军的光。如果不是沾了湘军的光，他何来一等伯爵的封赏？这种人贪名贪利，毫无定识，更无风骨，对于这样的贪官，曾国藩为了促成水师改制，不让他反对，施舍给他点好处，他就会站在你这边。因此在给太后、皇上的折子里，建议改制后的长江水师统领让官文做，大家都做他的副手，他一定会乐意。这样既缓和了官文和湘军的仇恨，又可以将一个曾经的仇人拉近朋友的队伍里。一箭双雕，一举两得的好事为什么不干？后来事情的发展证明，曾国藩的这一计策获得了极大的成功。

败经

——看智者久立不败之术

骄败篇

骄子必败家

【原文】

大约兴家之道,不外内外勤俭、兄弟和睦、子弟谦谨等事。败家则反是。盖达官之子弟,听惯高议论,见惯大排场,往往轻慢师长,讥谈人短,所谓骄也。由骄字而奢、而淫、而佚,以至于无恶不作,皆从骄字生出之弊。而子弟之骄,又多由于父兄达官者,得运乘时,幸致显宦,遂自忘其本领之低,学识之陋,自骄自满,以致子弟效其骄而不觉。吾家子侄辈亦多轻慢师长,讥谈人短之恶习。欲求稍有成立,必先力除此习,力戒其骄;欲禁子侄之骄,先戒吾心之自骄自满,愿终身自勉之。

【译文】

大概能兴盛家族的,不外乎一家老小都要勤劳节俭,兄弟之间要和睦相处,子弟之间要懂得谦虚礼让。而败家的道理则正好相反,那些达官贵人的子孙们,听惯了平常的高谈阔论,也见惯了那些大的排场,所以平日里对师长傲慢,而且喜欢讥笑别人的短处,这就是人的骄气在作祟。由骄而奢侈,而淫逸,而放荡，以至于无恶不作，这些都是由骄气而引出的弊病。而子弟骄傲，又大多是由于父兄为达官显贵，凭借时机运气，侥幸地取得显赫的官位，于是就忘记了自己才能低下、学识浅陋而骄傲自满，从而造成家中子弟效仿其骄傲自满而不能察觉。我们家子侄辈也多有轻视傲慢师长，讥嘲谈论别人长短的恶习。想要杜绝这一现象的发生，必须首先从接触骄气这一条做起，不仅要戒除自己的骄气，而且还要对家中的子弟再三的教导，坚决杜绝骄横之气的滋生。想做到这些，必先应消除自己心里的骄傲自满，愿意终身以此自勉。

【解读】

曾国藩在戒除骄气这方面可谓用心颇多，用心良苦，他给诸弟弟，诸子侄们的书信里，一再告诫自己的家人，切不可滋生出骄横之气。同时，曾国藩也时常提醒自己不可骄傲，就像他所说的"吾心之自骄自满"。

曾国藩之所以如此看重骄气所带来的危害，那也是他自己的亲身经历。在军事方面，塔索领导的湘军遭遇的那几次大的败仗，一方面是因为文人出身的他不懂得军事作战的技巧。更重要的是当时骄傲自满的他完全听不进其他将领的意见，最后才招致这几次败仗。

就像曾国藩所说的那样，古往今来那些名门望族，由骄傲而奢侈，而淫逸，而放荡，以至于无恶不作，终致败家的事例都是不计其数。有的是父兄骄横，也有的是子弟骄横。还有的是父兄不骄，但是对子弟疏于管教，最后这些子弟养成了骄横之气。久而久之，这个家族就慢慢地败落下来。

谦谨是福，自满生祸

【原文】

弟于世事阅历渐深，而信中不免有一种骄气。天地惟谦谨是载福之道，骄则满，满则倾矣。凡动口动笔，厌人之俗，嫌人之鄙，议人之短，发人之覆，皆骄也。无论所指未必果当，即使一一切当，已为天道所不许。吾家子弟满腔骄傲之气，开口便道人短长，笑人鄙陋，均非好气象。贤弟欲戒子侄之骄，先须将自己好议人短，好发人覆之习气痛改一番，然后令后辈事事警改。欲去骄字，总以不轻非笑人为第一义。

《书》称"世禄之家，鲜克由礼"，《传》称"骄奢淫逸，宠禄过也"，京师子弟之坏，未有不由于骄、奢二字者，尔与诸弟其戒之。

【译文】

弟弟虽然在外经历的事情多了，自然相应的阅历也在不断地增加。不过我从你给我的来信中，不免感受到了你的一种傲气。人生活在这天地间，唯有谦虚谨慎才是载福之道，骄傲则容易自满，自满之后就是忘乎所以。但凡是动笔写文章，动嘴说话，常常表现出厌恶别人的俗气的，嫌人卑鄙的，议论人家的短处，还有揭发别人的隐私的，这些都属于骄傲、没教养的表现。别说自己的这一项项指控是否符合真实情况，就算你说的都是真的，但这样的做法是老天都看不惯的。我们家的子弟，充满了骄傲之气，一开口就议论别人的长短，笑别人的鄙陋，这都不是什么好的习惯。贤弟若想戒除子侄辈的骄气，必须先保证自己不去议论别人的短处，改掉揭人隐私的习性，痛加改正。只有以身作则，才能教育子侄辈在这些事情上警惕和改正。若要去除骄字，以不轻易非议别人和不笑话别人为基本的标准；想除去一个惰字，要从"早起"做起。

【解读】

"天地惟谦谨是载福之道"，谦虚和谨慎不仅单单是种美德，同时也是每个人避祸保身、载福积福的存生之道。历史上无数古人的例子，已经验证了曾国藩的说法。

细察以上历史人物及其种种事迹，便可深知曾国藩之言"骄则满，满则倾"的深意，从而记取谦、谨二字，以作为人的处事立身的根本。

败经

——看智者久立不败之术

智败篇

论家族式兴亡

【原文】

凡天下官宦之家,多只一代享用便尽,其子孙始而骄佚,继而流荡,终而沟壑,能庆延一二代者鲜矣。商贾之家,勤俭者能延三四代;耕读之家,谨朴者能延五六代;孝友之家,则可以绵延十代八代。我今赖祖宗之积累,少年早达,深恐其以一身享用殆尽,故教诸弟及儿辈,但愿其为耕读孝友之家,不愿其为仕宦起家。若不能看透此层道理,则虽巍科显宦,终算不得祖父之贤肖,我家之功臣。若能看透此道理,则我钦佩之至。澄弟每以我升官得差,便谓我肖子贤孙,殊不知此非贤肖也。如以此为贤肖,则李林甫、卢怀慎辈,何尝不位极人臣,焄奕一时,讵得谓之贤肖哉?予自问学浅识薄,谬膺高位。然所刻刻留心者,此时虽在宦海之中,却时作上岸之计。要令罢官家居之日,己身可以淡泊,妻子可以服劳,可对祖父兄弟,可以对宗族乡党。如是而已。

【译文】

从古至今但凡是官宦家庭的,一般都是只有一代人能真正体会到这种家庭的不易。其子孙开始会变得骄奢淫佚,继而放荡不羁,最终这个家族会走

向堕落，如果这样的家境能延续两代的，那都是很少见的。巨商富贾的家庭，如果能保持勤俭持家的话，或许可以延续三四代；农耕读书的家庭，谨慎朴实的话，能延续五六代；孝悌友爱的家族，则能延续十代八代。我现在依赖祖宗积德，少年时就得志，唯恐我一人就把福气享用殆尽。因此教育各位弟弟和子女，希望成为耕田读书、孝悌友爱的家族，而不愿成为仕宦家族。如果不能理解这样的道理，即使在科举考试中名列前茅，取得显赫的官位，终究我们的家族也不可能长久兴盛下去的。算不上先辈的贤德孝顺的后代，算不上是我家的功臣。如果能识透这层道理，我将异常钦佩。澄弟常常因为我升官，便说我是孝子贤孙，却不知道这并非贤德孝顺。如果以升官为贤德孝顺，那么李林甫、卢怀慎之流，何尝不位列臣子之首，显赫一时，难道他们真的是孝子贤孙吗？我深知自己学浅才疏，偶得高位，但时刻关注的问题却是现在我虽在仕途、宦海之中，时刻作着弃官上岸的打算。希望到了弃官回家的时候，我可以淡泊名利，一家老小在乡下耕种劳动。这样一来，既对得起兄弟，也对得起祖宗，更对得起家族乡党，仅此而已。

【解读】

在曾国藩看来，当官宦家庭有了权势之后，绝大多数人都会产生一种优越感。开始变得不尊重别人，无论是言谈举止，还是处事方式，都给人一种不可一世的感觉。好像打这之后，他们就像是高高在上一样，久而久之就养成了盛气凌人的性格。一个人地位的变化，是能够对他的性格再塑的。地位太高之后，他会经常对别人的事指手画脚，评头论足。这样总有一天他会多必有失，为自己日后的危机埋下祸根。

曾国藩得势之后，非常担心自己的子女也会产生这种特权思想，所以我们可以在曾国藩家书家信中，随处可见他对家人孜孜不倦的教诲和劝导。他曾谆谆教导他们："世家子弟，最易犯奢字、傲字。不必锦衣玉食而后谓奢也，但任皮袍呢褂俯拾即是，舆马仆从习惯为常，此即日趋于奢矣。见乡人则嗤其朴陋，见雇工则颐指气使，此即日习于傲矣。《书》称：'世禄之家，鲜克由礼。'《传》称：'骄奢淫逸，宠禄过也。'京师子弟之坏，未有不由于骄奢二字者。"

少娱乐，多修行

【原文】

古之英雄，意量宏远，而其训诫子弟，恒有恭谨厚藏，身体则如鼎之镇。以贵凌物，物不服；以威加人，人不厌。此易达事耳。声乐嬉游，不宜令过。赌酒渔猎，一切勿为；供用奉身，皆有节度。奇服异器，不宜兴长。又宜数引见佐吏，相见不数，则彼我不亲。不亲，无因得尽人情；人情不尽，复何由知众事也。数君得，皆雄才大略，有经营四海之志，而其教诫子弟，则约旨卑思，敛抑已甚。

【译文】

古代的那些英雄，绝大多数都是心胸宽广的人，因此他们所做的事业才显得那么大气。不过他们在教训和告诫自己的子孙时，却总是显得如此的恭谨小心，身体健壮得如鼎一样稳固。假如依仗贵族的权势欺压他人，那么别人是很难打心里服你的；相反，如果以威望去征服一个人，这个人则会对你表现得心服口服，这其实做起来并不是太困难的事情。像那些酒色风化场所，不应该让他们那么频繁地光临；像赌博、酗酒、钓鱼、打猎这些活动，也尽量让他们不要做；凡是身体享用的物品，不管好坏使用时都要有一定的节制。而面对那些稀奇古怪的服装玩物时，更不应该抱以太大的兴趣。应该适当地经常接见一下佐吏，如果与他们过于陌生的话，你就无法和他们亲近。如果和他们无法亲近，你就很难及时掌握他们的心情变化，心情都无法知道，你的工作还怎么有效地展开。这几位古人都是有名的大英雄，他们都具有纵横天下的大志向。但他们教训、告诫子孙都是那么简约，事事从小处着想，严格要求自己很重要。

【解读】

曾国藩在封建统治者中，是少有的能保持头脑清醒的人。他对坚守俭朴的家风看得格外的重要。曾国藩曾经说过，家败离不开"骄"、"奢"二字，而骄奢乃因权贵而致，但"以贵凌物，物不服"。"观《汉书·霍光传》，而知大家所以速败之故。"

曾国藩通晓古今历史，而且对于那些史实，他早已烂熟于心，因此他才会发出"以贵凌物，物不服"的感叹。曾国藩不仅做到了不"以贵凌物"，而且还以"赌酒渔猎，一切勿为；供用奉身，皆有节度"来严格要求约束自己的生活。他不仅要求后辈子弟要戒奢戒骄，"庶几长保盛美"。同时他自己也能以身作则，为曾氏家族起到了很好的带头作用。他不认为自己有什么特别了不起的本领，因此他能做到不骄人傲物，以平常心对待自己所遇到的每一个人，不管所遇到的人富贵贫贱，学识高低。

败经

——看智者久立不败之术

刚败篇

扛得住烦恼,耐得住寂寞

【原文】

昔耿公、简公谓居官以坚忍为第一要义,带勇亦然。与官场交接,吾兄弟患在略识世态而又怀一肚皮不合时宜,既不能硬,又不能软,所以到处寡合。迪安妙在全不识世态,其腹中虽也怀些不合时宜,却一味浑含,永不发露。我兄弟则时时发露,终非载福之道。雪琴与我兄弟最相似,亦所如寡合也。弟当以我为戒,一味浑厚,绝不发露。将来养得纯熟,身体也健旺,子孙也受用,无习惯于机械变诈,恐愈久而愈薄耳。

【译文】

过去耿公、简公说过,做官的人要以坚挺、忍耐得住烦恼才是第一重要之事,其实带兵也是一样的道理。在官场上走动,咱们兄弟的短处,都是稍微懂得人情世故的重要性,但是却总是会产生一些不合时宜的想法。既没法硬,又没法软,因此不管到了哪儿,总是显得很别扭。而迪安的高明就在于他一

点也不识世态险恶，他心里虽然也有一些不合时宜的想法，但是他会将这些全部藏在自己的心里，表面上一点也不暴露。相反，我们兄弟却经常将我们的心理变化暴露在面上，这样可不像是能保享永福的样子。雪琴兄与我们兄弟最相像，因此他也很少能找到情投意合的人。弟弟你应该以此为鉴，也要学会深藏不露。将来将自己的性情养得炉火纯青，不仅有利于你的身体健康，子孙后代也能跟着一起受用，不要习惯于官场机变诈伪，那样时间长了是会折寿的。

【解读】

曾国藩虽然被朝廷封为团练大臣，但是在最初阶段，即便是曾国藩自己，也没有指望团练出来的兵能够对付太平天国起义。虽然团练曾经有成功镇压白莲教起义的成功案例，但是到了咸丰年间，国家对团练的政策发生了巨大的变化。首当其冲的问题就是粮饷问题。咸丰初年开始，清朝政府国库紧张，已无力再支持团练。所以政府规定团练经费由地方绅士自筹自管，从此团练花费与官府无关。这种情况下，如果委任收粮饷的人员看走了眼，那他们就会在下面以收饷为名，到处搜刮百姓，必使农民走投无路而走向反抗，这无异于火上浇油。这样的团练，不仅不能起到自救的作用，反而会引火烧身，加速清朝政府的灭亡。这样的例子在历史上也是比比皆是。远的不提，明代末年加派"辽饷"、"练饷"所引起的严重后果，对清朝来说，是不得不有所警惕。但是，曾国藩是团练大臣，皇帝给他的任务，只是帮助地方官员搜查、捉拿各地方窝藏的土匪，并没有给他招募兵勇的权利。所以曾国藩只有利用团练的名义，招募训练自己的湘军队伍。只有这样，曾国藩的计划才能名正言顺。为此，他在"团练"二字上大做文章。他解释道："团而兼练者必主营哨，发口粮，可防本省，可剿外省，即今日官勇之法。"他没有按部就班地执行清政府的命令，而是根据自己的计划将政府的命令进行了大大的延伸。曾国藩的意思等于是以团练为名联系兵勇，但最终目的还是为了组建军队。由此可以看出，曾国藩的计谋和心思，还是高出了当时的清政府和那些平庸之辈。

刚柔并济，以柔克刚

【原文】

从古帝王将相，无人不由自立自强做出，即为圣贤者，亦各有自立自强之道，故能独立不惧，确乎不拔。昔余往年在京，好与诸有大名大位者为仇，亦未始无挺然特立不畏强御之意。近来见得天地之道，刚柔互用，不可偏废，太柔则靡，太刚则折。刚非暴虐之谓也，强矫而已；柔非卑弱之谓也，谦退而已。趋事赴公，则当强矫；争名逐利，则当谦退。开创家业，则当强矫；守成安乐，则当谦退。出与人物应接，则当强矫；入与妻孥享受，则当谦退。

【译文】

那些古代的帝王将相，哪一个人不是由自立到自强的。即便是那些大贤之士、圣人，也有着各自的自强之道。正因如此，他们才能够独立地应对各种危险而不胆怯。拥有坚韧不拔的品格而不惧怕。我往年在京城，喜欢与名声大、地位高的人作对，也未尝没有挺然自立、不畏强暴的意思。近来才悟出天地间的道理，原来就是刚柔并用，不可做个死脑筋。太软弱就会被人压制、欺负，太刚直就会让人讨厌、排挤。所谓的刚直，不是暴戾的意思，而是光明磊落。柔，也不是卑微软弱的意思，而是谦虚婉转。办事情、赴公差，这些公事面前要表现得刚强有力；而名利面前，则要懂得谦和礼让；为家族开创基业时，要懂得刚强有力；守家自乐时，则要谦虚礼让；在外与别人应酬交际时，要让自己刚强有力；而在家与妻子享受时，则要学会谦和礼让。

【解读】

曾国藩的指导思想是，人只有先自立自强，其次才是成就大事。他指出，自古帝王将相，没有不是从自立自强做起，即便是那些成为圣贤的人，他们也有着各自的自立自强的方法，因为心中有信念，所以这些人才能够独立不惧，对自己追求的目标坚定不移。纵观历史上诸多的名臣良将，圣贤之士，他们之所以能够取得那么大的成就，无一不是因为他们都有着刚毅的性格。这就是这些人超凡脱俗的症结所在。刚毅的人可以无惧于任何挫折和困难，在最危难的时刻，往往能激发自己最大的潜能。"刚毅"之气就好比是人身体的骨架，人只有靠着骨架才能站立不倒，才能克服一切困难。也只有具备了这口气，人才能超越常人，战胜恐惧、悲观、消极和畏难苟安对心理的影响。人若无刚则无以自立，若不能自立则无以自强。刚，是人类奋进力量的源泉。如果没有源泉，命运就会随之枯竭，而人活着也就毫无价值和意义。

压抑怒火，畅通心胸

【原文】

肝气发时，不惟不和平，并不恐惧，确有此境，不特盛年为然，即余渐衰老，亦常有勃不可遏之候。但强自禁制，降伏此心，释氏所谓降龙伏虎。龙即相火也，虎即肝气也。多少英雄豪杰打此两关不过，要在稍稍遏抑，不令过炽。降龙以来养水，伏虎以来养火。古圣所谓窒欲，即降龙；所为惩忿，即伏虎也。释儒之道不同，而其节制血气，未尝不同，总不使吾之嗜欲戕害吾之躯命而已。

【译文】

遇到肝火上升的时候，心里虽然感觉有些不能平和，但是对于这种感觉却并不恐惧，这种情况确实是存在的。这种情况不仅是年轻人会出现，即便是我现在渐渐地老了，也经常会遇到怒不可遏的时候。但是要强迫控制自己，努力去控制自己的心境，这就是佛教里所说的降龙伏虎。龙指的是相火，而虎指的就是肝火。有多少英雄豪杰都难以闯过这两关的考验，所以平常时，要注意控制自己的肝火，不要让肝火过分高涨。降住龙来养水，伏住虎用来养火。而古书上所说的止息欲望，指的就是降龙；另外所说的惩愤，也就是伏虎。虽然儒家、佛家的研习方法不同，但最终目的都是为了节制血气，总之就是不要让自己的欲望，去伤害自己的身体。

【解读】

曾国藩愤怒的时候，总是能压住肝火，以柔为刚。而且到了关键时刻，曾国藩总是能显示出自己的魄力，甚至有时候显得过于无情。即便是对于自己的朋友知己，该出手时曾国藩不会有丝毫的犹豫。这显出内在刚挺之气。尤其是在对待亲信李元度的事情上，更是能凸显出曾国藩的处事原则。

李元度曾对曾国藩有过两次救命之恩，同时他俩还是患难之交。李元度之于曾国藩的贡献，几乎可以说是一辈子都偿还不清的，就连曾国藩自己都说对李元度是"三不忘"。但是当李元度与曾国藩产生矛盾之后，恼怒的曾国藩对于李元度的报复可谓不遗余力。他曾多次弹劾李元度。并且因为这件事，左宗棠等人不仅心寒，而且从此对曾国藩也多存有戒心。

不过到了曾国藩的晚年，他还是表露出对李元度的愧疚之情。他曾说自己此生光明磊落，唯有对李元度是羞愧难当。他在给曾国荃的信中说道："次青之事，弟所进箴规极是极是。吾过矣！吾过矣！……余生平于朋友，负人甚少，唯负次青实甚，两弟为我设法，有可挽回之处，余不惮改过也"，"唯与我昔共患难之人，无论生死，皆有令名，次青之名由我而败，不能挽回，兹其所以耿耿耳"。言语之间，流露出曾国藩对李元度这位至交的愧疚、钦仰之情。

曾国藩"肝气"一发而参劾了李元度，不过这或许也就成为曾国藩此生最大的憾事。

败经

——看智者久立不败之术

仁败篇

为大将者，需恩威并施

【原文】

带勇之法，用恩莫如用仁，用威莫如用礼。仁者即所谓欲立立人，欲达达人也。待弁勇如待子弟之心，尝望其成立，望其发达，则人知恩矣！礼者即所谓无众寡，无大小，无敢慢，泰而不骄也。正其衣冠，尊其瞻视，俨然人望而畏之，威而不猛也。持之以敬，临之以庄，无形无声之际，常有凛然难犯之象，则人知威矣。守斯二者，虽蛮貊之邦行矣，何兵勇之不可治哉？

【译文】

带兵的诀窍在于，用恩情倒不如施加仁义，用威严不如施加礼遇。所谓的"仁"，说的是如果想让自己立身，首先得先让别人立身；自己的事情想做成功，首先你得先帮着别人的事情办成功。将这样的道理运用在对待自己的士兵上，对待他们要像对待自己的子弟一样，真心希望他们将来能成就事业，真心希望他们将来能兴旺发达。这样的话，他们也能感觉到你的真心，从而

对你感恩戴德。所谓的"礼",指的是人与人之间,不分大小,也不分上下,均应平等看待;互相不贬低对方,在别人面前也不可骄盈。衣冠楚楚,端正严肃,人们自然会对你产生一股敬重之情。不过也不能太过庄重。待人以尊敬,处人以端庄,在无形中,必然可以焕发出自己体内的浩然正气,使其他人对自己难以进犯,让别人可以感受到你的威严。如果能够信守"仁"和"礼",即便到了异国他乡,也依然可以畅行无阻。如此一来,领兵率军还会有什么困难吗?

【解读】

曾国藩征伐太平军的时候,高举着"正义之师"的大旗。在他的《讨粤匪檄》中,极尽煽动之能事,历数太平军的累累"险恶"和条条"罪状",为此使大清得到了不少民众支持。这在军事作战中就叫做"人和"。他的檄文所列太平军"罪状"包括:①视我两湖三江被胁之人,兽犬牛马之不若;②窃外夷之绪,崇天主之教,举中国数千年礼义人伦,诗书典则,一旦扫地荡尽;③毁宣圣之木主,污关岳之宫室,无庙不焚,无像不灭,斯又鬼神所共愤怒;④农不能自耕以纳赋,商不能自贾以取息,人民无论穷富,一概抢掠罄尽,寸草不留。他将太平军"诋毁"得一无是处,简直跟恶魔没什么区别。不过这样的做法却为自己赢得了广泛的民众支持。同时,聪明的曾国藩巧妙地将这场人民内部斗争,转变成了一场铲除邪教的军事行动,实际上是帮着大清朝掩盖了很多社会矛盾,有利于大清朝的稳定和统治。如此高瞻远瞩、机关算尽的曾老夫子,岂是洪秀全之辈所能比的!太平天国的失败,也是历史的必然。

曾国藩虽然老谋深算,但是他的才能实际上只能算是中流水平。比起胡林翼的胆识，比起左宗棠的远见，他自己也是时常自愧不如。不过曾国藩最大的特点是善于明镜自鉴，知人知己，虽然他并没有什么突出的特点和特长，但是其掌控大局的能力无人能及。由此不难看出，他的这番修炼完全得益于平时受儒家思想的教诲。

慎独心安，自欺败德

【原文】

慎独则心安。自修之道，莫难于养心。心既知有善，知有恶，而不能实用其力，以为善去恶，则谓之自欺。方寸之自欺与否，盖他人所不及知，而己独知之。故《大学》之诚意章，两言慎独。果能好善如好好色，恶恶如恶恶臭，力去人欲以存天理，则《大学》之所谓自慊，《中庸》之所谓戒慎恐惧，皆能切实行之。即曾子之所谓自反而缩，孟子之谓仰不愧，俯不怍，所谓养心莫善于寡欲，皆不外乎是。故能慎独，则内省不疚，可以对天地、质鬼神，断无行有不嫌于心则馁之时，人无一内愧之事，则天君泰然，此心常快足宽平，是人生第一自强之道，第一寻乐之方，守身之先务也。

【译文】

为人处世，如果能做到慎独那就真的很不容易了。自我修养，最难的地方在于如何养。每个人的心里既有善的一面，也有恶的一面，如果不能尽力改恶从善，这就如同在每天欺骗着自己。至于到底是不是自欺欺人，只有自己最清楚。因此，《大学》里"诚意"这一章，曾经两次提到过慎独。如果真能做到喜欢做善事如同喜欢女色，讨厌罪恶就如同讨厌大粪一样，那人就能去掉身上的贪婪，找到真正的天理。像《大学》里所说的自慊，《中庸》中所谈到的戒慎、恐惧，这些都是能够切实做到的。做到了这些，我们也就做到了曾子所说的问心无愧，孟子所说的抬头不愧天，低头不愧地的境界。所谓养心，最有效的方法就是节欲。所以，如果若能做到慎独，则自我反省时，人才不会感到内疚，无愧于天地，可以与鬼神对质，肯定不会有不合于义的行为而导致心神不安。人若没有任何羞愧的事情，心中自然会泰然自若，而愉快心情也自然会常伴左右，心态肯定能够放正。这才是人生真正的自强之道，快乐的来源，也是守身修养的第一要务。

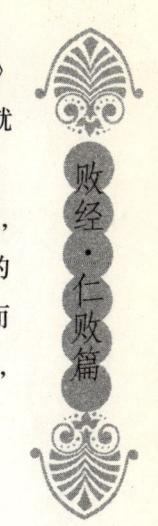

【解读】

曾国藩曾经对他的两个儿子曾纪泽、曾纪鸿提出过修心养性的家规要求，其中第一条便是慎独。因为人的大部分时间，都是处于单独活动的状态。而且人的内心世界又是极其封闭的，外人很难完全了解别人的内心世界。有个词叫"人心叵测"，就在这样的道理。正因为人的心理具有极强的封闭性，所以《大学》里才会讲到"诚意"。我们提倡诚实，说明在人的天性中，肯定有不诚实的一面存在。有些人实际上内心不诚实，但是他会装得很诚实，这其实就是一种伪装和谎言。光武帝刘秀，一个善于听取别人意见的明君，最后却被庞萌所迷惑；曹操那是何等的英明，不过还是被张邈骗得差点丢了性命。这些是为什么呢？许多事物的表面现象都很相似，但如果寻其根源，却几乎没有一件事是一模一样的。因此许多事都有很强的迷惑性。因此，狡猾诡、诈的人貌似睿智，其实他们并不是真正的睿智之人；愚蠢、木讷的人，貌似正人君子，其实他们有可能是真小人；憨直者表面看着勇敢，其实真相或许并非如此；亡国之君不一定都有智慧；亡国之臣也不一定都是忠臣；莠草的幼苗酷似庄稼；黑黄相间有条纹的牛皮像是虎皮；白骨猛一看会误认为是象牙；碔砆这种石头又很容易与玉混为一谈。这些都是似是而非，以假乱真的例子。

败经

——看智者久立不败之术

乱败篇

论官场之弊端

【原文】

近来筹饷之路愈广，养兵之资愈绌。非筹饷之不得其术，乃委员之不得其人，此天下之通病，非仅河南一省而已。清查昔年之亏空，捐加现任之廉俸，已为弊政。至我可捐扣，则又令另行筹银赔补官项。以致上下苟且，虐取百姓，此则各省所无。往时张凯章廉访并未到开归道任，豫省行文至敝处，令其解银赴豫，以补前任亏空，阅之深为骇叹！友人严仙舫先生曾任河南州县十余载，尝谓豫省亏空有日甚之势，无弥补之期。作论豫省亏空书数千言，至详且切，大致与阁下所论相符。弟在江西将摊捐亏空奏请一概豁免，河南似可仿照办理。否则大小官吏视河南为畏途，势必率一二自爱者而并趋贪污。江河日下，诚未知世变之所终极矣！

【译文】

近来筹集官饷的门子越是广泛，军事费用反而越难收。这并非是筹集军饷的方法不对，而是所派去执行的官员有问题，这也是当下社会一贯的通病，

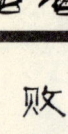

而不仅仅只是局限于河南一地出现。他们会清查官府往年的亏空，然后从当年官府的收入中无偿扣抵，这已经成为他们惯用的伎俩。做官的表面同意抵扣，扭过头下令再筹银两来弥补当年的空缺。这样上行下效、敷衍推卸责任、贪婪地榨取百姓身上的每一滴油水。如此猖狂的做法在其他省市从未见过。过去，张凯章廉访尚未到达河南上任，河南即行文便发到了他原来任职的地方，要求他携带原任职地的银两来弥补前任的亏空。这样的现实简直让人震惊、感叹！我的朋友严仙舫先生曾经也在河南州县任职十余年，他曾介绍说河南的亏空势头是一日强似一日，根本就没有个头。为此他还写了一篇几千字的书信讲诉亏空之事，这件事非常详尽而贴切，内容和你所说的大致相同。我在江西的时候，上奏将江西的摊捐亏空一律给免除了，河南也可效仿我的办法。否则的话，大小官员都会视河南为众矢之的，不论大官小官，必定带着几个心腹，到河南是大贪特贪。如果这种风气持续下去，真不知这种世态到何时是个终点。

【解读】

管理是一门学问。而管理的成败，关键在于领导者。作为成功的领导者，最重要的是要会发现人才，其次就是能对人才量才适用。曾国藩生活在封建社会与近代社会交替的巨大变革时期。因此他不仅重视寻找人才，更看重对人才的使用方法。他常说："今日所当讲求，尤在用人一端，人才有转移之道，有培养之才，有考察之法。"他确定的用人原则是，有行事原则，但一定没有大的官气。做事有条理，从不口出狂言说大话，做到身到、心到、眼到、手到、口到。在培养人才方面，曾国藩曾经向国家建议，应该将大清的学生派往外国学习，从此便开创了中国学生的海外留洋的时代。而且他对军官提出了才堪治兵，不能怕死，不能为私利斤斤计较，能吃苦耐劳等四项要求。他曾经说过"人力之增在乎渐"，提出对人才要保持足够的耐心。曾国藩的弟弟曾国荃，还有那些优秀的湘军将领，这些人都是在曾国藩的亲自栽培下成长起来的。有人曾经评论道，没有曾国藩就没有曾国荃，没有曾国藩就没有李鸿章，这话其实说得一点都不夸张。这些人才在实现曾国藩的政治目的和军事目标方面发挥了举足轻重的作用。同时，曾国藩的用人思想，对近代社会也产生了深刻影响。

爱民者可兴 害民者必亡

【原文】

臣窃闻国贫不足患，惟民心涣散，则为患甚大。自古莫富于隋文之季而忽致乱亡，民心去也；莫贫于汉昭之初，而渐致入安，能抚民也。我朝康熙元年至十六年，中间惟一年无河患，其余岁岁河决，而新庄高堰备案，为患极巨；其时又有三藩之变，骚动九省，用兵七载，天下财赋去其大半，府藏之空虚，殆有甚至今日。卒能金瓯无缺，寰宇静谧，盖圣祖爱民如伤，民心固结而不可解也。

【译文】

我曾听人说过，一个国家贫穷并不可怕，老百姓人心涣散才是这个国家最大的危机。从古至今，没有比隋文帝统治末期更富裕的时候了。可是顷刻之间，富饶的大隋就天下大乱直至灭亡。究其原因，还是在于隋朝丧失了民心。又或者说，从古到今没有比汉昭帝初年更穷困的时候，可当时的社会还是由贫穷逐渐走向了安定。其关键就在于民心所向。我朝从康熙元年至十六年，这期间除了仅有的一年，其他年份都发生过各种自然灾害。再加上当时又发生了三藩叛乱,惊扰了九个省,用了七年兵,天下积攒的财富用去了一大半,粮库空虚,其困难程度甚至难于今天。但是当时是天下安定,领土完整。全赖于太祖爷有颗爱民如子的仁心。民心所向,天下归心。

【解读】

在转战当中,曾国藩进一步认识到官吏腐败给国家造成的种种恶果,从而认识到:"国贫不足患,惟民心涣散,则为患甚大。"不合理的金融制度会造成民心涣散,钱粮难纳;冤狱太多,老百姓是有怨难申,时间一长,就会将百姓和政府置于一种对立的状态。双方剑拔弩张,最后导致出现大案。因此,他得出结论,各地所出现的民变,无一不是因为"贪官借口鱼肉百姓,巧诛横索"。要从根本上解决民变四起的现状,仅靠军事镇压是治标不治本的办法。必须从根本上整治吏治,修改相关的法律制度,从而唤起民心。只有这样才能缓和日益激化的社会矛盾,从而达到治本的目的。若不从吏治方面痛下狠手,涤肠荡胃,根本无法扭转这种危险的局面。曾国藩言辞激烈,抒发自己尽忠报国之志,但当时的清王朝已经腐败到了骨子里。曾国藩徒有回天之志,可叹未有回天之力。

物价不稳　民损国伤

【原文】

一曰银价太昂，钱粮难纳也。苏、松、常、镇、太钱粮之重，甲于天下。每田一亩，产米自一石五六至二石不等，除去佃户平分之数与抗欠之数，计业主所收，牵算不过八斗。而额征之粮已在二斗内外，竟之以漕斛，加之以帮费，又须去米二斗。计每亩所收八斗，正供已输其六，业主只获其二。然使所输之六斗，皆以米相交纳，则小民尤为取之甚便。无如收本色者少，收折色者多。即使漕粮或收本色，而帮费必须折银，地丁必须纳银。小民力田之所得者米也，持米以得钱，则米价苦贱而民怨；持钱以易银，则银价苦昂而民怨。东南产米之区，大率石米卖钱三千，自古迄今，不甚悬远。昔日两银换钱一千，则石米得银三两。今日两银换钱两千，则石米仅得银两五钱。昔日卖米三斗，输一亩主课而有余。今日卖米六斗，输一亩之课而不足。朝廷自守岁取之常，小民暗加一倍之赋。此外如房基，如坟地，均须另纳税课。准以银价，皆倍昔年。无力监追者，不可胜计。州县竭全力以催科，犹恐不给，往往委员佐之，吏役四出，昼夜追比，鞭朴满堂，血肉狼藉，岂皆酷吏之为哉！不如是，则考成不及七分，有参劾之惧；赔累动以巨万，有子孙之忧。故自道光十五年以前，江苏尚办全漕，自十六年至今，岁岁报歉，年年蠲缓，岂昔皆良而今皆必刁！盖银价太昂，不独官民交困，国家亦受其害也。浙江正赋与江苏大略相似，而民愈抗廷，官愈穷窘，于是有"截串"之法。"截串"者，上忙而预征下忙之税，今年而预截明年之串。小民不征，使循吏亦无自全之法。则贪吏愈得借口鱼肉百姓，巧诛横索，悍然不顾。江西、湖广课额稍轻。然白银价昂贵以来，民之完纳愈苦，官之追呼亦愈酷。或本家不能完，则锁拿同族之殷实者而责之代纳。甚者或锁其亲戚，押其邻里。百姓怨愤，则抗拒而激成巨案。如湖广之耒阳，崇阳、江西之贵溪、抚州，此四案者，虽间阎不无刁悍之风，亦由银价之倍增，官吏之浮收，差役之滥刑，真有日不聊生之势。臣所谓民间之疾苦，此其一也。

【译文】

一是因为现在的银价过高，钱粮难以缴纳。而苏州、松州、镇江、太平田赋钱粮之广，称得上是天下第一。当地的每一亩田地，产米一石五六斗至二石不等。减去佃户和抗欠数目的份额，土地所有者的粮食收获，满打满算也不过八斗左右。而按照规定，征收的粮食大都在二斗上下，况换成漕斛，再加上运费，又需要减去二斗。百姓粮产共收获八斗，交税已用去六斗，土地所有者就只能获得两斗了。然而，百姓需要上缴的六斗米，大都是以实物的形式交纳，这样百姓缴起来也非常方便。但是现实情况是官府收税时，几乎都是规定只收取现银的。即便有时候的漕运会收现粮，但是运费还是要收现银的。地丁也必须交纳银两。老百姓不得不将辛勤耕作所得到的米，拿去卖了换成现银上缴。可是问题是现在的米价实在是太低，为此百姓中间多有埋怨；如果拿铜钱去换现银，可现在的银价又特别高，百姓还是会大发牢骚。东南这边的产米区，往年都是一石米可以卖三千钱，而且这个价格多少年都没有变过。而通常是一千钱能兑三两银子，等同于一石米能兑换三两银子。但是现在的情况变了，一两银换两个钱，那么一石的米只能换银一两五钱。

过去卖三斗米，就能交一亩地的田租，而且还绰绰有余。现在则是卖六斗米，都还不够交一亩地的田租。朝廷是年年只管收租，却并不知道这几年来，百姓的租金在不知不觉中就涨了一倍。另外，还有宅基、坟地等，都必须另外纳税。按照现在的银价计算，都是从前的一倍。无力交纳税款的，那是大有人在啊。州县官府在向百姓征税时，担心会收不上来，于是各级官员到各地方催促，官差是倾巢出动，棍棒纷飞，血肉狼藉，这难道是官府的人应该做的事情吗？不过反过来想想，如果他们不这么做，就收不上税。收不上税，他们的政绩考核就到不了七分的及格分，不及格就有被弹劾的危险，动则就要陪个成千上万的，连自己的老婆孩子都得赔上。因此，道光十五年以前，那时的江苏还兴办全漕。从十六年以后，年年都报告歉收，年年出现免交、缓交的现象难道是过去的人都善良，现在的人都变得刁蛮了吗？恐怕是银价过高造成这一恶性循环的。这样的结果，不仅是苦了百姓和官员，就连政府也是跟着深受其害。难道浙江田赋与江苏的情况大致相似，老百姓因为穷困而拖欠税款，因此官府也变得穷困潦倒，于是人们就想出了"截串"的方法。

"截串"的做法是这样的，上期预收下期的税款，今年预收明年的税款。如果老百姓不支持，当地的官府就会适当地降低征收的比例，以此来吸引百姓交税。而这就造成了前任官员预收比例太大，给后任留下了巨大的窟窿，即便后任是个秉公做人的好官，最终也根本没有自救的好方法。更别说碰上的是个贪官了，他们会以此为借口，对百姓大肆收刮，巧取豪夺。丝毫没有顾忌。江西、湖广等地原来的税额都比较轻，但是随着银价的暴涨，百姓想要完成纳税的义务，看来是越来越困难。官府追缴的力度也是越来越严酷。甚至出现这样的情况，穷苦人家交不上税的，就拿这个本族里的富裕人家开刀，让本族人替这个人代缴。或者是捉拿他们的亲戚或是邻居，反正会以各种不合理的方式逼迫缴税。逼得老百姓不得不反抗，最终就变成了大案要案。比如湖广的来阳、崇阳，江西的贵溪、抚州，这四起大案的发生，虽然一部分原因是因为这里的刁民滋事造成，但主要还是因为银价成倍增长，官吏滥收赋税，差役滥用刑罚，真有越来越难以生存的趋势。我所说的民间的疾苦，就是其中之一。

【解读】

曾国藩在《备陈民间疾苦疏》里，详细陈述了百姓因为赋税过重，整日生活在水深火热之中。为了减轻民众的生活压力，曾国藩在同治二年（1863）四月二十三日复李鸿章的信中，首次提出了减漕的意见。第一条是，应该只讲浮额的多少，不讲征收的办法。……尤其是灾乱之后，乡绅百姓本来就是人户大减，如果仍然按照过去的催收办法，恐怕江苏的百姓根本就无法活下去。这可不是长久的治国之道。在信中，曾国藩提议将苏松的浮收部分免征，甚至提议官府不必向朝廷禀告，也不必出告示。在各县设立一个账目，根据当地的实际情况进行征收，有些落魄的大户，该除名的除名，具体的办法不一定非得一致，减收的数量也不必统一，总之最终的目的是给百姓们减税。

败经

——看智者久立不败之术

言败篇

作君王者,辨别真伪

【原文】

夫人君者,不能遍知天下事,则不能不委任贤大夫。大夫之贤否,又不能遍知,则不能不信诸左右。然而左右之所誉,或未必遂为荩臣;左右之所毁,或未必遂非良吏。是则耳目不可寄于人,予夺尤须操于上也。

昔者,齐威王尝因左右之言而烹阿大夫,封即墨大夫矣。其事可略而论也。自古庸臣在位,其才莅事则不足,固宠则有余。《易》讥覆悚,《诗》赓鹈梁,言不称也。左右亦乐其附己也,而从而誉之。誉之日久,君心亦移,而位日固,而政日非。已则自矜,人必效尤。此阿大夫之所为可烹者也。若夫贤臣在职,往往有介介之节,无赫赫之名,不立异以徇物,不违道以干时。招之而不来,麾之而不去。在君侧者,虽欲极誉之而有所不得。其或不合,则不免毁之。毁之而听,甚者削黜,轻者督责,于贤臣无损也。其不听,君之明也。社稷之福也,于贤臣无益也。然而贤臣之因毁而罢者,常也。贤臣之必不阿事左右以求取容者,又常也。此即墨大夫之所以可封者也。

夫惟圣人赏一人而天下劝,刑一人而天下惩,固不废左右之言,而昧兼

听之聪，亦不尽信左右之言而失独照之明。夫是以刑赏悉归于忠厚，而用舍一本于公明也夫。

【译文】

即便是驾临天下的君主，也不可能通晓全部的天下事，这种情况下，君王就不得不委派，任用贤能的大夫来帮着自己治理天下。但是所选用的大夫到底是贤与不贤，这又是很说不准的事情，所以君王就不得不听取身边臣属的意见。然而处于种种原因，身边臣属们所推荐的人，有的未必就是忠臣。而左右所诋毁的，有的也未必就不是贤人。所以说识人善任不能只听别人的一面之词，最后下定夺的还应该是君王自己。

从前，齐威王曾经因为左右一时的谗言，而烹杀了阿大夫，而封赏了即墨大夫。这件事我们可以做一下粗略的讨论。自古奸臣当道者，他在处理国家事务时显得庸庸碌碌，但是在阿谀谄媚这方面却做得滴水不漏。《易经》上记载有讥讽覆悚的诗作，而《诗经》里也有赞扬鹈梁的诗篇，说的都是他们的那些糊涂事。这类人羞于粗茶淡饭，但大多又贪心过重，行事卑鄙。因此，他们长期对君主左右的人献媚奉承，君王身边的人对于这种人的浮夸连篇，看上去也是非常受用，转而在君王的面前称赞起这些善于溜须拍马的人。时间一长，君王的思想也会受到影响，而这些人的地位和财富，将会得到进一步的巩固。久而久之，在这些人操纵下，政治清明是一天不如一天，但这些人的地位却一天比一天升高。随之而来的便是所有人跟着一起效仿，这也就是阿大夫应该被烹杀的原因。假如当政者是位刚正不阿的贤君，因为其耿直的气节，而没有显赫的虚名，他们不会去标新立异地豪夺财物，对自己的所作所为非常有原则。虽然君王身边的人也会夸赞他，但是最后却得不到什么重用。假如君王身边的人讨厌这个人的话，那么各种灾祸都会不请自来。轻的会招来上面的斥责，重的或许就会免职发配。不过这对贤臣来说并没有什么接受不了的损失。如果君王能够有自己的主见，不轻信身边人的话，这就是一个国家大大的福祉。然而历史上，贤臣遭到小人的诽谤而被罢免的，是一种非常常见的现象。而贤良的大臣，也必定不会特意去讨好君王身边的人，以求得容纳和晋升，这是一件非常矛盾的事情。因此这也就是即墨大夫的行为值得封赏的缘故。

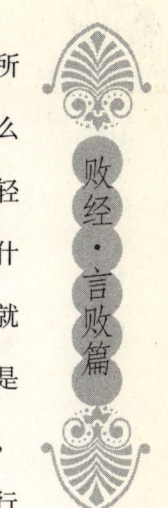

所以那些历史上的圣人们，褒赏一个人便能起到劝奉天下人的作用，贬低一人就能起到惩戒天下人的功效。虽然不能武断地说君王身边人的话都是恶话，但是一定要懂得兼听则明的重要性，能够分辨出左右人的话的真实性，这才是一个有作为君王的基本素质。同时这也说明赏罚要尽量体现忠厚之心，而用人要本着公正、磊落的原则。

【解读】

曾国藩说过，"所谓考察之法，何也？古者询事、考言，二者并重。"就是说，对于下属的言论和行为要进行一番考察。而曾国藩尤其注重臣下的建言。当时，"考九卿之贤否，但凭召见之应对；考科道之贤否，但凭三年之京察；考司道之贤否，但凭督抚之考语"。曾国藩说："若使人人建言，参互质证，岂不更为核实乎？"通过建言，上司可以了解下属们各种好的意见，从而达

到集思广益的功效。同时也可以借此掌握各个下属的学识情况。

一代名臣曾国藩将大清挽狂澜于既倒,将处于风雨飘摇的大清又延续了六十年的寿命。能够建立如此宏伟的功绩,与他的知人善任,善于搜罗人才,有着密不可分的关系。

打压越重，反抗越强

【原文】

武帝之问，以为作乐即可致治，何以后世乐器虽在，而治不可复？仲舒之意，以为欲作乐必先兴教化，欲兴教化必先疆勉行道，能行道则治可复，教化可兴，而乐可作。皆自人力主之，非天命所能主也。武帝之问，以为何修何饬而后可致诸祥？仲舒之对，以为修饬德教，则奸邪自止，而诸祥可致。若修饬刑法，则奸邪愈生，而诸祥不可致矣。中言正心正朝廷数语，是修饬之本。末言仁义礼智信，是修饬之目。致诸祥必由于止奸邪，任刑罚则奸邪不止，任教化则奸邪止。于问中何修何饬而致诸祥，最相针对。武帝之问，本以立本任贤对举。以亲耕籍田，为己能力本矣。劝孝弟，崇有德，为己能任贤矣。而以功效不获为疑。仲舒之对，则略力本而专重任贤一边。以为贤才不出，由于素不养士。下以兴太学为养世之要，大臣岁贡二人为选贤之要。

【译文】

汉武帝问制作礼,最后达到了天下大治的盛世局面,为什么现如今到了后世,而当初的那些乐器也都一一在列,却不能恢复天下大治的胜景呢?董仲舒曾有过独到的见解,他认为要想重现礼乐,就必先复兴教化,若想复兴教化,就必定首先遵行大道,使道义不容随意的践踏,这才能恢复曾经的大治盛况。复兴教化,紧接着便是制作礼乐。这些事情都在于认为,而非天意。后来武帝问董仲舒应该采取什么措施,才能创造出吉祥来呢?董仲舒的回答是大力提倡修饬道德和教化,只有这样那些淫亵、污秽之事变会自行消失,随之各种吉祥和福瑞便会纷至沓来。可是如果政府只是一味地强调依法治国,以法家的理论去管理这个国家,那么相反,邪淫之事永远也不会消失,各种吉祥也就无从谈起。如何去端正百姓的心,如何去端正政府管理国家的思想,这才是修饬道德、教化的根本所在(精神文明建设最重要)。讲仁、知礼,这是修饬道德、教化的基本条件。要想得到吉祥,必须先从消灭奸僻、淫邪之事做起,如果一意地去迷信刑法,那么淫邪之事会如野草一样不停地滋生,永远没有消失的可能。相反,如果将人们施以教化,那邪淫之事自会消失。一意信用教化,这和当初武帝问的吉祥的问题正好是针锋相对的。本来武帝的意思,是想征求一下任贤和耕作的问题,但是董仲舒的回答则更倾向于任贤的问题。认为如果每个时期的人才非常匮乏,那一定是一贯不培养士人。下边讲以兴办太学作为培养士人的关键,大臣每年推荐二人作为选贤的关键。

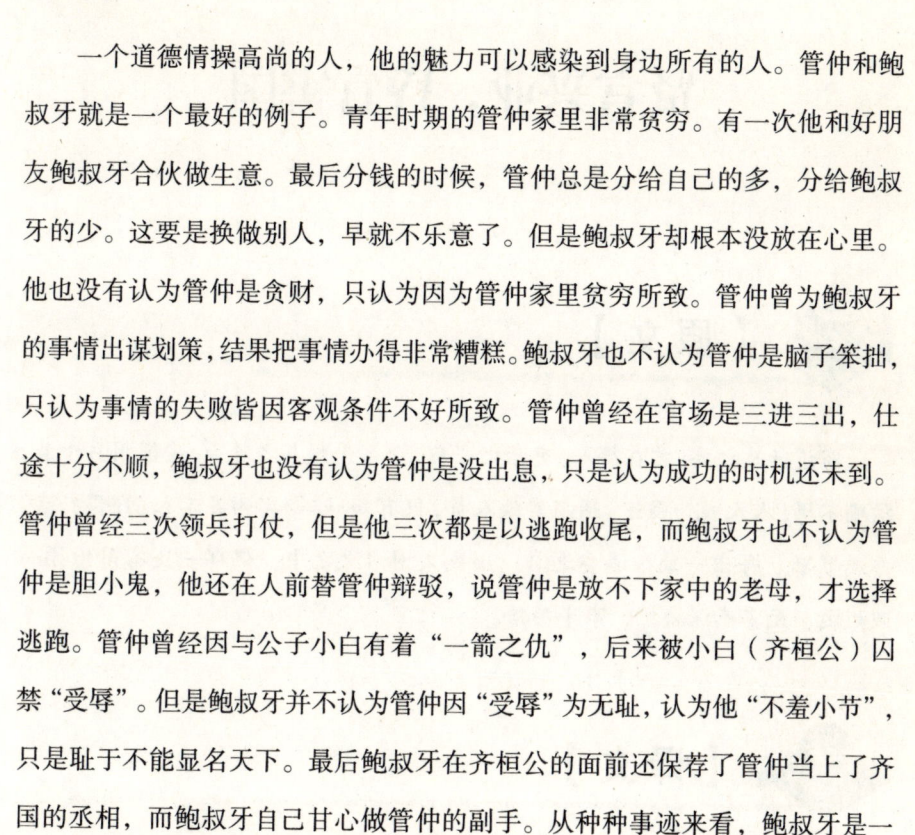

【解读】

　　一个道德情操高尚的人，他的魅力可以感染到身边所有的人。管仲和鲍叔牙就是一个最好的例子。青年时期的管仲家里非常贫穷。有一次他和好朋友鲍叔牙合伙做生意。最后分钱的时候，管仲总是分给自己的多，分给鲍叔牙的少。这要是换做别人，早就不乐意了。但是鲍叔牙却根本没放在心里。他也没有认为管仲是贪财，只认为因为管仲家里贫穷所致。管仲曾为鲍叔牙的事情出谋划策，结果把事情办得非常糟糕。鲍叔牙也不认为管仲是脑子笨拙，只认为事情的失败皆因客观条件不好所致。管仲曾经在官场是三进三出，仕途十分不顺，鲍叔牙也没有认为管仲是没出息，只是认为成功的时机还未到。管仲曾经三次领兵打仗，但是他三次都是以逃跑收尾，而鲍叔牙也不认为管仲是胆小鬼，他还在人前替管仲辩驳，说管仲是放不下家中的老母，才选择逃跑。管仲曾经因与公子小白有着"一箭之仇"，后来被小白（齐桓公）囚禁"受辱"。但是鲍叔牙并不认为管仲因"受辱"为无耻，认为他"不羞小节"，只是耻于不能显名天下。最后鲍叔牙在齐桓公的面前还保荐了管仲当上了齐国的丞相，而鲍叔牙自己甘心做管仲的副手。从种种事迹来看，鲍叔牙是一个具有极高道德情操，具有极高修养的真正的贤人。因为其道德高尚，所以他才能举荐管仲，使管仲的才华得到了施展的机会，最后帮助齐桓公称霸春秋。

贤官兴业，昏官害国

【原文】

窃谓行政之要，首在得人。吏治之兴废，全系乎州县之贤否。安徽用兵十载，蹂躏不堪，人人视为畏途。通省实缺人员，仅有知府二人、州县二人。即候补者，亦属寥寥。每出一缺，遴委之员。小民久困水火之中，偶得一良有司拊循而煦妪之，无不感深挟纩，事半功倍。

【译文】

在我看来，行政工作的关键，首先就是找对适合的人才。一个地区是否能够繁荣，关键就在于当地的官员是否够贤明和有能力。安徽这十余年来，被糟蹋得不成样子，人人以为那就是个可怕的地狱。而安徽全省别说是有能力的官员，就是普通官员也是屈指可数，有知府二人、州县长官二人。即使是候补官员，也寥寥无几。每次有了空缺，总是缺乏候选班子。而当地的百姓年年处于水深火热的状态。偶尔能碰上一个有能力的好官给予他们安慰和温暖，那么这些老百姓的心理就会感恩戴德，倍宠若至。这样，就可以取得事半功倍的效果。

【解读】

曾国藩曾说过"国家之强,以得人为强"。并且在此基础上补充道:善于审视国运的人,"观贤者在位,则卜其将兴;见冗员浮杂,则知其将替"。他将人才问题,已经提到了关乎国家之兴衰的高度,将人才的选拔,看做是挽回晚清颓势的重要措施。

曾国藩曾经无数次向亲人和朋友说过:"一个国家获得人才的帮助,方能将国家治理得蒸蒸日上。也只有人才的存在,政治才能清明,国家才能自强。百姓才能自明。所以求贤纳士是一项很重要的国家工程。"世上无论是好事还是坏事,都是由人干出来的。古人云:"能当一人而天下取,失当一人而社稷危。"曾国藩是深知这个道理的,因而在人才问题上深具历史的卓识与战略眼光。

败经

——看智者久立不败之术

忠败篇

功成名就，兔死狗烹

【原文】

日内郁郁不自得，愁肠九回者，一则以饷项大绌，恐金陵兵哗，功败垂成，徽州贼多，恐三城全失，诒患江西；一则以用事太久，恐中外疑我擅权专利。江西争厘之事不胜，则饷缺兵溃，固属可虑；胜，则专利之名尤著，亦为可愧。反复筹思，惟告病引退，少息二三年，庶厉害取其轻之义。若能从此事机日顺，四海销兵不用，吾引退而长终山林，不复出而与闻政事，则公私之幸也。甲子三月。

【译文】

最近心中颇有一些郁闷，每天都要发出八九回惆怅。一方面，忧心的是筹措军饷的事情进展得很不顺利。再这么下去，我担心包围金陵的士兵会发生哗变，如果真的这样，我们就前功尽弃了。再加上太平军在徽州的势力又有所提升，恐怕那里的三座城池全部失守。如果这样的话，将大大危及江西的安全，后果不堪设想。另一方面，考虑到自己掌权时间太久，恐怕朝廷里

少不了有人会猜疑他独揽大权，拥兵自重。而且甚至有人会怀疑他以收取军饷为名，谋取私利。如果军饷收不上来，军中必然生变。可是如果为军饷过于计较，那么更会加重人们对他以权谋私的怀疑。因此，那段时间里，曾国藩经常辗转反侧，左右为难。最后想来想去，他只有引退辞职，回乡休息二三年，一则可避让这种左右为难的境地；另一方面，还可以让自己饱受煎熬的精神得到些许的放松。于公于私，这都不失为一个很好的做法。同治三年三月。

【解读】

像曾国藩这种忠君与实力并重的权臣，在朝中不受到非议，是几乎不可能的。比如当曾国荃攻占金陵之后，朝中有些官员出于嫉妒曾家兄弟，上奏弹劾曾家兄弟，说他们在攻打太平军时，滥杀滥伐，以权谋私，希望借此将湘军将领一网打尽。在这种危急关头，曾国藩果断提出要"告病引退"。另一方面又自费刊行家书，以表明自己的心迹，将自己的所作所为光明磊落地展现在慈禧和朝中大臣面前。这不但是向世人表明自己忠君爱国的信念，同时也是他洁身自保的高明做法，此计真可谓一箭双雕，妙不可言啊。

功成即可退隐

【原文】

陆放翁谓得寿如得富贵，初不知其所以然，便致高年。余近浪得虚名，亦不知其所以然，便获美誉。古之得虚名，而值时艰者，往往不克保其终。思此，不胜大惧。将具奏折，辞谢大权，不敢节制四省，恐蹈覆𫐓乘之咎也。辛酉十一月。

户部奏折似有意与此间为难，寸心抑郁不自得。用事太久，恐人疑我兵权太重，利权太大。意欲解去兵权，引退数年，以息疑谤，故本日具折请病，以明不敢久握重柄之义。甲子三月。

【译文】

南宋的大诗人陆放翁则认为，一个人如果活到了高寿，那就等同于获得了最宝贵的财富。在不知不觉中，自己已经是跻身于高龄了。同样的情形，我这些年也是浪得虚名，在不知不觉中便能得到了来自各方面的美誉。但凡是在世事艰难时期，获得盛誉的那些人，其最终也都难以得到善终。每当我

想到这些，总是不自觉地会不寒而栗。所以在合适的机会，我将准备奏折，辞去手里的大权，不敢再接受四省节制的要职。恐怕长此下去，我也会重蹈那些古人的覆辙，从而犯下滔天的大祸。咸丰十一年十一月。

户部的奏折似乎是有意和我这里为难，因此心里久久抑郁和烦恼。我深深地知道，自己在战场上掌权多年，肯定会有不少的同僚对我产生猜忌。觉得我权利太大，想要解除我的兵权。其实，我早想辞去兵权，回老家引退数年，以此来解除大家对我的猜忌和诽谤。所以本日即上奏向皇上告请病假，来表明自己从无大权独揽的念头。同治三年三月。

【解读】

纵观曾国藩的一生，屡次得到清政府的委以重任和封赏。而曾国藩只是偶尔在家信中表现出有限的自喜得意之外，表现更多的则是无时无刻的警惕和忧虑。比如，慈禧掌权之后，便任命曾国藩为钦差大臣、两江总督，另外还统辖江苏、安徽、江西、浙江四省的军务，统辖四省内，上至巡抚、提督，下至各级官员，全部受曾国藩的节制。曾国藩俨然摇身一变，成为了相当于统帅一方的诸侯。但是对于这种特殊的恩惠，在曾国藩的内心里，则显得既复杂又矛盾，算得上是喜忧参半。一方面，他知道感恩图报，比如在他写给沅弟的信中说过，说自己之所以能获得这么大的权利，全赖那些朝中同僚的推荐和担保，而且还多次提到这样的人情，自己都不知道该怎么偿还。另一方面，对于这么大的权利，他又表现得格外的小心，古有云"高处不胜寒"，时至今日的曾国藩，处处提防着高处之寒可能带给自己的无妄之灾。凡是那些最终能够得到善终的权臣，必定懂得明哲保身的道理。

挺经

——刚柔相济之方

内圣篇

【原文】

细思古人工夫,其效之尤著者,约有四端:曰慎独则心泰,曰主敬则身强,曰求仁则人悦,曰思诚则神钦。慎独者,遏欲不忽隐微,循理不间须臾,内省不疚,故心泰。主敬者,外而整齐严肃,内而专静纯一,斋庄不懈,故身强。求仁者,体则存心养性,用则民胞物与,大公无我,故人悦。思诚者,心则忠贞不贰,言则笃实不欺,至诚相感,故神钦。四者之功夫果至,则四者之效验自臻。余老矣,亦尚思少致吾功,以求万一之效耳。

【译文】

仔细研究古人在修身方面的技巧,不难发现效果比较明显的大致有这么四种方法:适当的独处,心胸就会泰然处之。恭敬且庄严,身体就能强健;仁义的培养,可以使别人对你心悦诚服;真心诚意,神明都会佩服你的为人。

慎重独处,就是提醒人们要控制自己的贪欲,甚至连生活里每一个微小的细节也不要放过。做事要遵循一定的自然之理,这样才能做到问心无愧,心胸坦荡。庄严恭敬,就是仪容整齐严肃,心灵宁静专一,稳重端庄而不懈怠,所以身体才能强健。追求仁义，就是要心存仁义滋养的天性，视百姓为自己的同胞兄弟，对万物也心存养护。像这样大公无私，自然会受到人民爱戴。真心诚意，就是忠贞不贰，言语行为上都不能欺压别人，用至诚之德的心去感应万物的力量，这样才能得到神灵的尊敬。如果能够严格实行这四点，那么，久而久之一定就会出现成效。虽然我年岁已大，但还是在不遗余力地追求这四点，希求能达到成效。

【解读】

一个人无论是读书从政，还是做工耕田，又或是经商做学，任何职业都离不开他修身养性程度的高低和掌握的好坏。从古至今，但凡能成就大事者，哪一个不是具备"内圣"的心理素质。贤者曾言："立身不高一步立，如尘里振衣，泥中濯足，如何超达。"说的是为人立身处世，应具备一颗豁达高尚的心境。否则的话，修性就如同在垃圾堆里打扫衣服，在泥潭里洗脚，只能越来越脏，如何能做到超凡脱俗呢？"慎独"即是这种境界的最高体现，而只有在自持自制的心性修养中，才能逐步达到这样的境界。自律自制，修身养性，要"每日三省"。程颐说："当君子遭遇困难处境时，他一定是首先反思自己的行为，想想是不是自己犯下了什么过失才导致这种困境的出现。对于所发现的错误，有则改之，无则加勉。这才是真正的修身之道。"

【原文】

尝谓独也者，君子与小人共焉者也。小人以其为独而生一念之妄，积妄生肆，而欺人之事成。君子凛其为独而生一念之诚，积诚为慎，而自慊之功密。

其间离合几微之端，可得而论矣。

盖《大学》自格致以后，前言往行，既资其扩充；日用细故，亦深其阅历。心之际乎事者，已能剖析乎公私；心之丽乎理者，又足精研其得失。则夫善之当为，不善之宜去，早画然其灼见矣。而彼小人者，乃不能实有所见，而行其所知。于是一善当前，幸人之莫我察也，则趋焉而不决。一不善当前，幸人之莫或伺也，则去之而不力。幽独之中，情伪斯出，所谓欺也。唯夫君子者，惧一善之不力，则冥冥者有堕行；一不善之不去，则涓涓者无已时。屋漏而懔如帝天，方寸而坚如金石。独知之地，慎之又慎。此圣经之要领，而后贤所切究者也。

【译文】

古人所提到的"独"，那是君子和小人都有着切身体会的。小人认为自己是独自一人，因此平日里他才会产生一些非分之想。久而久之，随着这种非分之想一天天地累积，最后就会变成狂妄的想法，以致最后为所欲为，去做欺骗他人的坏事。君子担忧自己是单独一人时，会生出真诚的想法。真诚过多，人就会变得胆小谨慎，从而有可能会荒废了自己道德上的修行。虽然君子和小人都能感受到独处，但是效果却有天壤之别。

自从《大学》里提出"致知在格物"的论点之后，古人的那些行为言论都可以用作今人开阔眼界的好材料。尤其是为我们日常琐事的处理，生活阅历的增加提供了宝贵的学习和借鉴机会。君子这样做了，他的心在遇到实事时，已经能剖析公私的区别；他的心在联系道理时，又足以精辟地研究其得失。那么对于善事应当做，不善之举应去掉，早已经形象鲜明地认识到了。而那些小人们，却不能有实在的见识，去实行他所知道该做的事。于是办一件好事，唯恐别人不知道是自己干的，去办的时候迟疑不决。改正一个不好的毛病，侥幸别人可能窥视不到，改正得很不得力。一旦只身独处之时，虚假的情意自然会产生，这就是欺骗啊！而君子，唯恐办一件善事办得不彻底，在晦暗中会产生堕落的行为；一个坏毛病不改正，就会像涓涓细流那样长年不断地犯错。暗室之中，面对邪念懔然不动，如同自己在面对天神一般。君子的主心骨定能坚硬如同金石一样。而你在自己管辖的地方单独主事，万事都要谨慎，这就是圣人教给我们的准则，也是后世贤人通过实践证明出来的真理。

【解读】

曾国藩在评论修身时说过，"细思古人工夫，其效之尤著者，约有四端：曰慎独则心泰，曰主敬则身强，曰求仁则人悦，曰思诚则神钦。"故而他认为涵养工夫当以"诚"为本。

概言之，"诚"是可以感天动地的，而若想做到"诚"，首先要学会不欺，不欺骗他人，更不能欺骗自己。不欺必能居敬慎独，居敬慎独者必无私著，无私著者必中虚，虚必静，静生阳，阴阳来复，是谓天行。

而曾子也说过："吾日三省吾身。"曾国藩这点做得是最到位的。生活中，曾国藩几乎每天都会反省自己的言行。曾国藩将自己的字改为"涤生"，字的意思取自佛家语"前日之种种譬如昨日死，今后之种种譬如明日生"。如果曾国藩没有养成明事理、懂得失的良好习惯，恐怕他是不会在复杂的官场里如鱼得水，最终成为一代名臣的。

【原文】

修己治人之道，止"勤于邦，俭于家，言忠信，行笃敬"四语，终身用之有不能尽，不在多，亦不在深。

古来圣哲胸怀极广，而可达睦德者，约有四端：如笃恭修己而生睿智，程子之说也；至诚感神而致前知，子思之训也；安贫乐道而润身晬面，孔颜曾孟之旨也；观物闲吟而意适神恬，陶白苏陆之趣也。自恨少壮不知努力，老年常多悔惧，于古人心境，不能领取一二。反复寻思，叹喟无已。

【译文】

关于自身修养和治理国家的方法，学会"勤劳为政，节俭持家，谈话诚信，行事诚恳"这四句话，就能在这两方面终身适用、受益无穷。所谓的话不在多，理不在深，有用就行。

古今的那些圣贤们的胸怀，能够达到德行大如天的，可分为四种情况：诚恳谦恭，通过自身的修养来达到聪明睿智，这是二程（程颢和程颐）的论点；诚恳到了极点，以至于都感动了神灵，进而达到有预知世事的能力，这是子思的遗训；能乐观地面对自己的贫苦，安于贫困的境遇，无论发生什么变故都不会改变自己的信仰和信念，由此身体变得强健，面色也变得光润，这是孔子、颜回、曾子、孟子做学问所追求的宗旨；欣赏大自然的美景，吟咏诗赋，所以意态闲适，神色恬然，这是陶渊明、白居易、苏轼、陆游的人生乐趣。现在的我时常悔恨自己的年轻时代，悔恨当初没能好好努力，以至于那时无法理解圣贤的境界，不能对他们的心境领略一二。现在的我，也只能反复寻思揣摩，叹息感喟不已。

【解读】

曾国藩在个人的修养方面自我要求非常严格。每日都要静坐，利用静坐的机会去反思自己的一些过失。几十年如一日，从未有过中断。所以他才能总是立于不败之地。眼下有许多人都想从曾国藩身上找出成功的黄金法则，以求也能达到不败的境界。其实曾国藩的成功秘诀也没什么神秘的，关键就在于平常的修养，夜以继日地坚持，这才是最难能可贵的。许多成名的人物，也都受过他的思想熏陶。梁启超对曾氏倾心推崇，称"吾谓曾文正集，不可不日三复也"。毛泽东青年时期，也潜心研究过曾国藩文集，得出了"愚于近人，独服曾文正"的结论；在晚年，他还曾说："曾国藩是地主阶级最厉害的人物。"而蒋介石，对曾国藩更是顶礼膜拜，认为曾国藩为人之道，"足为吾人之师资"。他还把《曾胡治兵语录》作为军事教科书发给身边的将领。而他自己也将《曾文正公全集》常置案旁，终生拜读不辍，孜孜不倦。据说蒋介石点名的方式，静坐的习惯，都是在模仿曾国藩。

励志篇

【原文】

君子之立志也，有民胞物与之量，有内圣外王之业，而后不忝于父母之生，不愧为天地之完人。故其为忧也，以不如舜不如周公为忧也，以德不修学不讲为忧也。是故顽民梗化则忧之，蛮夷猾夏则忧之，小人在位贤才否闭则忧之，匹夫匹妇不被己泽则忧之，所谓悲天命而悯人穷，此君子之所忧也。若夫一身之屈伸，一家之饥饱，世俗之荣辱得失、贵贱毁誉，君子固不暇忧及此也。

【译文】

君子所立下的终身志向，目的是为了让自己拥有为民请命的能力和器量，有圣人一般的德行，有称霸天下的雄心，只有这样才不辜负给予他们生命的父母。不愧对生命的含义。所以他们会因为比不上尧舜禹而感到羞愧和自责，因为自己的德行未能赶上圣贤而感到忧虑。为自身的德行没有修养完备而感到焦虑，为学问没有大的成就而发愁。所以，那些因为顽固的刁民难以感化而忧虑，因为野蛮的少数民族不能征服而忧虑，因为小人当道而贤德的人只能远远地逃避而忧虑，因为普通的平民百姓没有得到自己的恩泽而忧虑，这就是通常所说的悲天命而怜悯百姓穷苦，也就是君子怀有的忧虑。可是如果赶上的是个人的不如意和困顿，又或是赶上一家人的温饱和贫寒，世俗所说的荣誉与耻辱、所得和所失、富贵与贫贱、诽谤与赞美，这些东西是根本不会让君子劳心费神忧虑的。

【解读】

人生在世，几十年的一生转眼即逝。但凡是有志向的人，无一不渴望能建功立业，青史留名的。然而若想成就一番大事业者，没有卓越的才能和智慧是绝对做不到的。而智慧只有通过平常的不断学习和体会来获取。因此，古今中外的成功者没有不讲求治学之道，他们对于知识的积累高度地重视。

【原文】

明德、新民、止至善，皆我分内事也。若读书不能体贴到身上去，谓此三项与我身了不相涉，则读书何用？虽使能文能诗，博雅自诩，亦只算得识字之牧猪奴耳！岂得谓之明理有用之人也乎？朝廷以制艺取士，亦谓其能代圣贤立言，必能明圣贤之理，行圣贤之行，可以居官莅民、整躬率物也。若以明德、新民为分外事，则虽能文能诗，而于修己治人之道实茫然不讲。朝廷用此等人做官，与用牧猪奴做官何以异哉？

【译文】

明道德、新民众、做善事,这些都是我们分内之事。读书的目的也无非就是这三条,如果你不能将书里所看到的道理运用在自己的身上,那跟读死书能有什么区别呢?虽说你读了书后,不仅能写诗作对,卖弄自己的才华,而且还可以将自己显示的才知渊博。不过如果读书的目的只是这些,那跟识字的牧童毫无区别。怎么能够称得上是个明白事理而且懂得应用的人呢?朝廷以科举文章来录取人才,也是认为这样的人能坚持圣贤的言论,一定也明白圣贤的道理,践履圣贤的行为,因此能为官管理民众,以身作则来引导和带领其他的人。若是一个人将道德的传播,教导百姓只看做是分外的事,即便这个人能写出非常优美的文章,但他绝对理解不了人生的真谛,对于修身治人的道理也是茫然不知。如果朝廷任用这样的人做事,那跟用个孩子有什么区别呢?

【解读】

励志精神的培养,注重个人的道德修养,是中国传统文化的一个重要特征。《礼记·大学》中说:"自天子以至庶人,皆以修身为本。"古人认为,人都有从善的能力,而且都具备成为一个"有德行"的条件。关键就在于是不是愿意去将自己这方面的能力发扬光大。"修身"乃是"齐家"、"治国"、"平天下"的基础。所以古人将"德量涵养,躬行践履"视为一种美德的体现。如果说在古人看来,人们的德行是源自平常的修养的话,那么我们也可以说,中华民族的一切传统美德,也是同古人注重"德量涵养,躬行践履"的美德紧密相联的。

【原文】

累月奔驰酬应，犹能不失常课，当可日进无已。人生唯有常是第一美德。余早年于作字一道，亦尝苦思力索，终无所成。近日朝朝摹写，久不间断，遂觉月异而岁不同。可见年无分老少，事无分难易，但行之有恒，自如种树畜养，日见其大而不觉耳。进之以猛，持之以恒，不过一二年，精进而不觉。言语迟钝，举止端重，则德进矣。作文有峥嵘雄快之气，则业进矣。

【译文】

长年累月地在外奔波、应酬，如果还能每天坚持学习，那当然就会有所进步，自己的学识也肯定会进步不少。持之以恒是人做事最宝贵的品质。年轻的时候，我对书法情有独钟，也曾仔细探求过书法的奥秘，但是始终都收获不是太大。近日来，我每天摹写，坚持很久，没有间断，就觉得我写的字每月都有长进。可见年龄不分老少，事情不分难易，只要持之以恒，就像种树和养牲畜一样，每天看见它长大却感觉不到。尽自己的努力，持之以恒，最多一两年的光景，自然会在不知不觉中取得长足的进步。言语迟稳，举止端重，品德性情自然就会有所长进。所写出的文章会有峥嵘、雄骏之气，则学业有长进。

【解读】

曾国藩平生的成就,可以说就是在不断励志过程中取得的。"修身、齐家、治国、平天下",这样的中国传统思想的熏陶对于曾国藩的思想形成,起到了不可替代的作用。曾国藩的家书,是其毕生奉行"励志"的生活最为可信的实录。

他在给曾国荃的信中写道:"人苟能自立志,则圣贤豪杰,何事不可为?何必借助于人?我欲仁,斯仁至矣。我欲为孔孟,则日夜孜孜,唯孔孟之是学,人谁得而御我哉?若自己不立志,则虽日与尧舜禹汤同住,亦彼自彼,我自我矣,何与于我哉?"人首先要立志,有明确的方向,才有努力和修身的动力。

家范篇

【原文】

家中兄弟子侄，唯当记祖父之八个字，曰："考、宝、早、扫、书、蔬、鱼、猪。"又谨记祖父三不信，曰："不信地仙、不信医药、不信僧巫。"余日记册中又有八本之说，曰："读书以训诂为本，作诗文以声调为本，事亲以得欢心为本，养生以戒恼怒为本，立身以不妄语为本，居家以不晏起为本，做官以不要钱为本，行军以不扰民为本。"此八本者，皆余阅历而确有把握之论，弟亦当教诸子侄谨记之。无论世之治乱，家之贫富，但能守星冈公之八字与之八本，总不失为上等人家。

【译文】

家里所有的兄弟侄子们，都应当记住咱家祖上的八字遗训："考、宝、早、扫、书、蔬、鱼、猪。"除此之外，还要谨记祖父的三不信："不信风水先生，不迷信药物，不相信和尚、巫师。"而在我的日记里，还有着这样的"八本"的说法："读书以训诂为本，作诗文以声调为本，事亲以得欢心为本，养身以戒恼怒为本，立身以不妄语为本，居家以不晏起为本，做官以不收人钱财为本，行军以不扰民为本。"这八本都是我这么多年从军、从政的个人经验，是具有很强的理论基础的。希望家里的弟弟、侄子们能将这"八本"谨记心里。无论这世道是治是乱，家里是贫穷还是富有，只要能坚守祖训的"八字"和我这"八本"，咱们的家族就会一直兴盛下去。

【解读】

中国古代文人的立身修身之道，无外乎"修身、齐家、治国、平天下"这一传统观念，所谓家和则万事兴。古人的家族观念从来都是根深蒂固，大多数人认为，只有与家族人在一起才能和睦友爱，这个家族才能兴旺。

曾国藩在治家方面，非常重视一个"和"字。由"和"铺展开来，这才形成了后来的"八本"家训，"八字"家规。他对奢侈深恶痛绝，一再告诫自己的家人要勤俭持家。而且还反对将遗产都留给自己的子女，一定要提倡子女自力更生。而且还鲜明地提出，如果子女不及时指出长辈的不足，那就属于不孝。

【原文】

士大夫之家不旋踵而败，往往不如乡里耕读人家之耐久。所以致败之由大约不出数端。家败之道有四，曰：礼仪全废者败；兄弟欺诈者败；妇女淫乱者败；子弟傲慢者败。身败之道有四，曰：骄盈凌物者败；昏惰任下者败；贪刻兼至者败；反复无信者败。未有八者全无一失而无故倾覆者也。

【译文】

即便是有权势的士大夫家族，通常衰败得也很快。他比不得乡村耕读人家的家运来得持久。而士大夫家族的家运之所以会衰败得那么快，主要有以下几个原因：不懂得礼仪的家族会衰败；兄弟之间欺诈、不和睦的家族会衰败；女子淫荡、秽乱的家族会衰败；子女骄横的家族会衰败。使自己身败名裂的途径也有四条：骄横傲慢、恃才傲物的人必败；是非不明、放纵下属的人必败；贪婪苛刻、求全责备的人必败；反复无常、毫无信用的人必败。从没听说过在以上这八个方面都没有过失而无故败家的人。

【解读】

曾国藩通史论理，对于家族的兴亡史，曾国藩还是看得非常透彻的。自古以来，许多钟鸣鼎食的家庭相继败落，无不是因为家族子弟的骄奢淫逸所致。所以虽然曾国藩出将入相，但还是时常担心家里的子女会过上一种寄生虫似的生活，时间一长就会堕落到不可救药的地步。他经常言传身教，对家中子弟谆谆告诫："农夫织妇，终岁勤动，以成数石之粟，数尺之布，而富贵之家终岁逸乐，不营一业，而食必珍馐，衣必锦绣……此天下最不平之事，鬼神所不许也，其能久乎？"他还说："勤俭持家，习劳习苦，可以处乐，可以处约，此君子也。余服官二十年，不敢稍染官宦气习，饭食起居，尚守寒素家风，极俭也可，略丰也可，太丰则吾不敢也。"

【原文】

凡天下官宦之家，多只一代享用便尽，其子孙始而骄佚，继而流荡，终而沟壑，能庆延一二代者鲜矣。商贾之家，勤俭者能延三四代；耕读之家，谨朴者能延五六代；孝友之家，则可以绵延十代八代。我今赖祖宗之积累，少年早达，深恐其以一身享用殆尽，故教诸弟及儿辈，但愿其为耕读孝友之家，不愿其为仕宦起见。若不能看透此层道理，则虽巍科显宦，终算不得祖父之贤肖，我家之功臣。若能看透此道理，则我钦佩之至。澄弟每以我升官得差，便谓我肖子贤孙，殊不知此非贤肖也。如以此为贤肖，则李林甫、卢怀慎辈，何尝不位极人臣，焄奕一时，讵得谓之贤肖哉？予自问学浅识薄，谬膺高位，然所刻刻留心者，此时虽在宦海之中，却时作上岸之计。要令罢官家居之日，己身可以淡泊，妻子可服劳，可对祖父兄弟，可以对宗族乡党。如是而已。

【译文】

从古至今但凡是官宦家庭的，一般都是只有一代人能真正体会到这种家庭的不易。其子孙开始会变得骄奢淫逸，继而放荡不羁，最终这个家族会走向堕落，如果这样的家境能延续两代的，那都是很少见的。巨商富贾的家庭，如果能保持勤俭持家的话，或许可以延续个三四代；农耕读书的家庭，谨慎朴实的话，能延续五六代；孝悌友爱的家族，则能延续十代八代。我现在依赖祖宗积德，少年时就得志，唯恐我一人就把福气享用殆尽，因此教育各位弟弟和子女，希望成为耕田读书、孝悌友爱的家族，而不愿成为仕宦家族。如果不能理解这样的道理，即使在科举考试中名列前茅，取得显赫的官位，终究我们的家族也不可能长久兴盛下去的。算不上先辈的贤德孝顺的后代，算不上是我家的功臣。如果能识透这层道理，我将异常钦佩。澄弟常常因为我升官，便说我是孝子贤孙，却不知道这并非贤德孝顺。如果以升官为贤德孝顺，那么李林甫、卢怀慎之流，何尝不位列臣子之首，显赫一时，难道他们真的是孝子贤孙吗？我深知自己学浅才疏，偶得高位，但时刻关注的问题却是现在我虽在仕途宦海之中，时刻作着弃官上岸的打算。希望到了弃官回家的时候，我可以淡泊名利，一家老小在乡下耕种劳动。这样一来，既对得起兄弟，也对得起祖宗，更对得起家族乡党，仅此而已。

【解读】

即便是在曾国藩鼎盛时期，他依然保持着勤俭的生活习惯，为官更是两袖清风。他的日常饮食中，几乎每天只有一个荤菜。如果家里没有客人，绝对不会另增一荤。据传假如他吃的饭里有未剥壳的稻谷时，他绝对不会将稻谷扔掉。而是细心地将外壳剥开，将里面的米粒吃掉，再把谷壳扔掉。而他的穿戴更是俭朴，一件青袍马褂一穿就是三十年。

除此之外，曾国藩将其家规编为"书、蔬、鱼、猪、早、扫、考、宝"八字。书：就是读书；蔬：就是菜蔬；鱼：就是养鱼；猪：就是养猪；早：就是早起；扫：就是扫除；考：就是家族祭祀；宝：就是要善待乡里和族人。曾国藩的家书家训，至今依然是修身、齐家的典范之作。它就相当于一部家庭教科书。后人戏称八字家规为治家的"八宝饭"。曾国藩的治家理念，以八本堂的八句话为经，以"八宝饭"的八个字为纬，经纬相措，脉络相通，形成一整套治家的系统理念。千百年来，中国式的家庭教育，从未超出曾国藩家书的治家理论范畴。

明强篇

【原文】

三达德之首曰智。智即明也。古豪杰,动称英雄。英即明也。明有二端:人见其近,吾见其远,曰高明;人见其粗,吾见其细,曰精明。高明者,譬如室中所见有限,登楼则所见远矣,登山则所见更远矣。精明者,譬如至微之物,以显微镜照之,则加大一倍、十倍、百倍矣。又如粗糙之米,再舂则粗糠全去,三舂、四舂,则精白绝伦矣。

高明由于天分,精明由于学问。吾兄弟悉居大家,天分均不甚高明,专赖学问以求精明。好问若买显微之镜,好学若舂上熟之米。总须心中极明,而后口中可断。能明而断谓之英断,不明而断谓之武断。武断自己之事,为害犹浅;武断他人之事,招怨实深。唯谦退而不肯轻断,最足养福。

【译文】

"智、仁、勇"三项至高的德行中,"智"应当是排在首位的。所谓的"智",也就是高明、精明的意思。古往今来,那些豪杰志士、才能特殊的人都被称之为英雄。而"英"指的也是"明"的意思。"明"主要包括两个方面：一般人只看到近前的事物，我则可见更深远的事物，这叫高明；一般人只看到粗大显眼的东西或者事物明显的一方面，我则可看见细微的东西或者事物细微的方面，这叫精明。这里所说的高明，好比身处一室之中，人们只能看到近处的景物。若登上高楼，看得就远了。如果登上高山，见到的就更远了。而精明的人，则能观察到生活里每一个细微之处，就如同每天带着显微镜在观察生活一样。他能将生活里一些细节问题放大一倍、十倍、百倍。又比如满是粗糠的糙米，我们将它捣两遍，就能去除粗糠，如果能捣上三遍四遍，米粒就能精致到极致。

一个人是否高明，和他的天资是有着很大关系的。但是精明几乎全凭后天的锻炼和钻研。我们曾家兄弟如今能够身居高位，可是我们的天资说实话并不能算是高明，所以我们只能凭着勤奋钻研去变得更加精明。好问如同购买到显微镜，可深知极细微方面；好学如同将米捣舂了好几遍，可去粗取精。总之，必须心中了如指掌，而后口中说出自己的决断。对事物能了解明白后再做决断，就叫英断。稀里糊涂地去判断事情，就叫武断。假如武断的是自己的事，无非也就是危害自己一人；要是武断他人的事情，或许会危害到一群人。那样所招致的怨恨是非常深的。因此我们只有谦虚退让，对别人的事情不轻易下决断，才足以保住福分。

【解读】

假如一个已经很强大的人，还在孜孜不倦地追求更强，这种追求就不是在想着对别人的超越，他已经提升到了自我超越的高度。因此这种超越也就不会对他人造成任何危险和伤害，也不存在征服与反抗的持久的矛盾，因为你所想超越的是你自己。你在不断修正自我，完善自我。所有的反抗来自于你的内部，是旧我对新我的反抗。这一反抗有时会刺激你更强烈地征服自我，

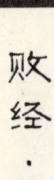

恶行得以消除，善举得以光大，你就在这征服与反抗中不断前进。当达到一定的高度时，你就因自修而感到自己的强大和完美。这是一种君子的追求。

曾国藩的一生，都在追求明理，他也希望自己身边的人都做个明理之人。只有这样，才能做到真正的公正无偏，属下弟子才能明理谦恭，得来不易的地位才不会轻易丢失。自我修养，自我超越，才是一个人成功的最高境界。

【原文】

担当大事，全在明强二字。《中庸》学、问、思、辨、行五者，其要归于愚必明，柔必强。凡事非气不举，非刚不济，即修身养家，亦须以明强为本。难禁风浪四字譬还，甚好甚慰。古来豪杰皆以此四字为大忌。吾家祖父教人，亦以懦弱无刚四字为大耻。故男儿自立，必须有倔强之气。唯数万人困于坚城之下，最易暗销锐气。弟能养数万人之刚气而久不销损，此是过人之处，更宜从此加功。

【译文】

要对大事有担当，就必须在明强上下足工夫。《中庸》里所提到的学、问、思、辨、行这五个方面，归结起来就是将糊涂的事物整理明朗，使软弱的事物变得更加的坚强。天下的任何事情，没有明确的目标，最好就不要去做；没有坚定意志，最后一定是失败。即使修身养家，也必须以明强为根本。以"难禁风浪"四个字做比喻，说得很好，大慰我心。自古豪杰之士都以这四个字为大忌。我祖父教导别人，也说要以"懦弱无刚"四字为大耻。所以男儿自立于世，一定要有倔强豪雄的气概。只是眼下几万将士被拖累在坚固的城池之下，时间一久，必然折损士气。弟弟你竟然能在这么长的时间，让士兵保持士气，这的确是你的过人之处。以后更应在这方面下工夫呀。

【解读】

曾国藩的一生，实则刚强，坚而不脆，他认为古来豪杰以"难禁风浪"四字为大忌。他曾自述道："吾家祖父教人，也以'懦弱无刚'四字为大耻。"又说："至于'倔强'二字，却不可少。功业文章，皆须有此二字贯注其中，否则柔靡不能成一事。孟子所谓'至刚'，孔子所谓'贞固'，皆从'倔强'二字做出。吾兄弟皆受母德居多，其好处亦正在倔强。"他认为"男儿自立，必须有倔强之气"。

【原文】

凡国之强，必须得贤臣工；家之强，必须多出贤子弟。此亦关乎天命，不尽由于人谋。至一身之强，则不外乎北宫黝、孟施舍、曾子三种。孟子之集义而慊，即曾子之自反而缩也。唯曾、孟与孔子告仲由之强，略为可久可常。此外斗智斗力之强，则有因强而大兴，亦有因强而大败。古来如李斯、曹操、董卓、杨素，其智力皆横绝一世，而其祸败亦迥异寻常。近世如陆、何、肃、陈亦皆予知自雄，而俱不保其终。故吾辈在自修处求强则可，在胜人处求强则不可。福益外家，若专在胜人处求强，其能强到底与否尚未可知。即使终身强横安稳，亦君子所不屑道也。

【译文】

　　一个国家的强盛，必然有众多贤臣良将的辅佐。同理，一个家族的兴旺，下面必定是出了很多的孝子贤孙。这在很大程度上是由天道所决定的，并非人谋就能控制的。至于一个人的强大，无外乎北宫黝、孟施舍、曾子三种类型人。孟子的优点是能让自己集思广益，为人又非常慷慨自得，等同于曾子因自我反省而屈伸有度。只有实践曾子、孟子和孔子告诉仲由强胜的道理，自身的强胜才可以保持长久。此外斗智斗力的强盛也很重要，有因为强盛而迅速兴旺的，也有因强盛而彻底惨败的。古时人如李斯、曹操、董卓、杨素等人，他们的智力都卓绝一世，而他们的灾祸与失败也超乎寻常。近世人像陆、何、肃、陈也知道自己胆力超群，却都不能保持强盛到最后。所以我们在自己弱的地方，需要自修的地方，求得强盛就好；如果在本来就强于别人的方面，谋求将这种差距拉得更大，这样并非是高明的做法。福气和利益皆是身外之物，如果一个人在自己擅长的方面故意逞强，那这种强大是保持不了多久的。即便他依靠着自己的强项，能够一辈子在乡里安稳地度日，但是这样的人是君子所不屑一顾的。

【解读】

　　做官讲求明强，对于复杂的事情能快速地调理出头绪。所以，曾国藩认为做官一定要懂得明强，修养心性，这样可以锻炼自己遇事不惊、不烦、不急不躁的能力，即便是再头疼的事情，自己也能无怨，清醒地对待。首先要学会让自己保持安静，保持安静的元帅才能稳住手下的将领。稳住手下的人才能找出切实可行的办法。如果元帅都是心急火燎的，军中必定要生变。

　　因此，"明强"之法，归根结底还是要追溯到个人的修养上。尤其在遇到困难时，要能够审时度势，更全面地考虑事态将要发展的方向，而不是一味地只求一时之功，轻举妄动。求强是可以的，但是如果在逞强斗狠上求强，那就显得太不明智了。逞强斗狠，说白了就是希望将对方压制下来，以求在对方面前有一种优越感，从而让身边的人对自己肯定、服从或尊敬，然而这种优越感的获得往往以压抑他人、伤害他人为代价。在某一时间，某一场合或某一范围内，你确实征服了他人。但在另一时间，另一场合或另一范围内，你又征服不了他人，而且你的这种征服必然使对方的压抑在一天天地积聚。倘若你征服的人越多，那么你所激起的反抗也就越广大。最后你就把自己人为地陷入到一个孤立的境地。一旦这些被压抑的人反抗的条件成熟了，他们就会联合起来群起而攻之，恨不得将你置于死地而后快。

坚忍篇

【原文】

子长尚黄老，进游侠，班孟坚讥之，盖实录也。好游侠，故数称坚忍卓绝之行。如屈原、虞卿、田横、侯嬴、田光及此篇之述贯高皆是。尚黄老，故数称脱屣富贵、厌世弃俗之人。如本纪以黄帝第一，世家以吴太伯第一，列传以伯夷第一，皆其指也。此赞称张、陈与太伯、季札异，亦谓其不能遗外势利、弃屣天下耳。

昔耿恭简公谓，居官以坚忍为第一要义，带勇亦然。与官场交接，吾兄弟患在略识世态而又怀一肚皮不合时宜，既不能硬，又不能软，所以到处寡合。迪安妙在全不识世态，其腹中虽也怀些不合时宜，却一味浑含，永不发露。我兄弟则时时发露，终非载福之道。雪琴与我兄弟最相似，亦所如寡合也。弟当以我为戒，一味浑厚，绝不发露。将来养得纯熟，身体也健旺，子孙也受用，无惯习机械变诈，恐愈久而愈薄耳。

【译文】

历史上的司马迁推崇黄老之术，非常仰慕行走江湖的游侠，对此，班固常以此来讥讽他。这都是事实。爱好游侠的人，都保有坚忍卓绝的操行。比如屈原、虞卿、田横、侯嬴、田光以及本篇中所讲的贯高都是这样的人物。他们都崇尚黄老，所以他们多次赞赏那些鄙视富贵，厌世弃俗的人，如本纪以黄帝为第一，世家以吴太伯为第一，列传以伯夷为第一，都是依照这个宗旨。此篇赞中说张耳、陈余和太伯、季札不一样，那是因为他们未能回避势利，抛弃天下。

过去耿恭简公说过，做官最重要的就是要坚忍，有耐性。其实带兵也是这样。和官场往来，我们兄弟最大的缺陷，在于我们既懂得世态炎凉的道理，但又总是想着一种异想天开的想法。我们徘徊在硬和软之间，所以不管到了哪儿都显得格格不入。而迪庵与我们相反，他的优势在于对世态一窍不通，而且他心中虽然也有些不合时宜，但只是一味的浑厚，常常是喜怒不形于色。可我们兄弟则经常将我们的变化表现在我们的表情上，这终究不是载福的方法。雪琴与我们兄弟最为相似，所以也觉得被孤立。你应当以我为鉴，无论任何情况下，都要学会装糊涂，永远不要轻易表露自己的心情变化。将来把这养成自己的一种习惯了，你的身体也会康健，而且子孙还可以从中受益。但是切莫去学那些奸诈之术，不然，时间长了会有损你的德行。

【解读】

中国历史的长河里，有许多忍辱负重的例子。越王勾践亡国之后，到吴国为奴三年，卧薪尝胆，最后得以一举歼灭吴国。司马迁在身受宫刑的情况下，

凭借超乎常人的意志力，完成了史诗巨作《史记》。

曾国藩外藏内敛的百忍之道，至今为后人叹服。1857年，四十七岁的曾国藩因父亲去世，第二次回到荷花塘守制，而此时正是前线兵事不利、处境尴尬的时候，同时也是他反思最深刻的一次。这段时间他对"忍经"颇有体会，这为他日后的东山再起打下了坚固的心理基础。"吾服官多年，亦常在耐劳忍气四字上做工夫也"，这是他的心得。在收敛、低调中做人，在挫折、屈辱中做事，在与各方的周旋中攀升，"让一让，六尺巷"，退一步就是海阔天空。忍常人难忍之事，大丈夫也。这就是曾国藩的气度。

【原文】

弟书自谓是笃实一路人，吾自信亦笃实人，只为阅历仕途，饱更事变，略参些机权作用，把自家学坏了。实则作用万不如人，徒惹人笑，教人怀恨，何益之有？近日忧居猛省，一味向平实处用心，将自家笃实的本质还我真面、复我固有。贤弟此刻在外，亦急须将笃实复还，万不可走机巧一路，日趋日下也。纵人以巧诈来，我仍以浑含应之、以诚愚应之；久之，而人之意也消。若勾心斗角，相迎相距，则报复无已时耳。

【译文】

弟弟在信中自称自己是个老实人，我也相信你是个老实人。只是因为这些年来阅历仕途，饱经官场里的世事变迁，所以也学会了一些机谋权变之术，慢慢地就让自己变得不再那么老实。其实这些机变之术是远远不能完全改变一个人的，白白惹人笑话，让人怀恨罢了，有什么好处呢？近来忧思猛然清醒，努力让自己向最本性的自我发展，将自己老实的本质显现出来，以求让自己返璞归真，寻找自我。

弟弟此刻在外面，也应该试着找回从前的自己，恢复你老实的本性，切不可走上投机取巧的道路，那样只会让你越陷越深。即使是别人对我机巧奸诈，我对他们也只会含糊应付，用诚愚应付；久而久之，那个人也就对我失去投机取巧的兴趣了。假如也会对我渐失机巧之双方是勾心斗角，表面看似很接近，但内心疏远，那么双方的明争暗斗将会是无休无止的。

【解读】

曾国藩的"忍"并不是一味的强忍，他的"忍"学里提倡的是一个"会忍"。该忍的时候忍，不该忍的时候一定不能忍。对皇上、太后，以及满蒙亲贵的猜疑、排挤、冷落、出尔反尔和种种不公，曾国藩一忍再忍，铁了心地"忍"。但对于那些误国误军、贪婪无度，而且还想加害于他的，曾国藩"是可忍，孰不可忍"？或是拍案而起参他一本，或是拔剑而起，立誓与他势不两立。他的一生有起有落、有荣有辱，没有抟扶摇直上九霄，也没有一失足掉进深渊。没有片段的精彩，却有整体的绚烂，并且总能启动平抑机能，在高潮时削去波峰，在低潮时填平谷底。在这亦忍亦纵、忍多纵少的人生波涛中，曾国藩颠簸了一辈子。

【原文】

我辈办事，成败听之天命，毁誉听之于人，唯在己之规模气象，则我有可以自立者，亦曰不随众人之喜惧耳。

【译文】

我们当差办事，成败尽看天意如何，别人对我们是赞誉，或是诋毁，任他们说去。只要你做事有原则，严格按照原则办事，以后也就不会随着众人的赞誉和诋毁，心情变得欣喜或是低落了。

【解读】

曾国藩的为人，不论治军、治政或立身为学的精神，都达到了常人所不可及的高度。这种精神总的来说就是坚忍和"吃硬"。对于一件事的看法，只要曾国藩认为他是对的，那么无论条件再怎么苛刻，环境再怎么恶劣，他总是能心无旁骛地勇往直前。哪怕遇到打击，他也从不灰心。

刚柔篇

【原文】

从古帝王将相，无人不由自立自强做出，即为圣贤者，亦各有自立自强之道，故能独立不惧，确乎不拔。昔余往年在京，好与诸有大名大位者为仇，亦未始无挺然特立不畏强御之意。近来见得天地之道，刚柔互用，不可偏废，太柔则靡，太刚则折。刚非暴虐之谓也，强矫而已；柔非卑弱之谓也，谦退而已。趋事赴公，则当强矫，争名逐利，则当谦退；开创家业，则当强矫，守成安乐，则当谦退；出与人物应接，则当强矫，人与妻孥享受，则当谦退。若一面建公立业，外享大名，一面求田问舍，内图厚实，二者皆有盈满之象，全无谦退之意，则断不能久。

【译文】

自古以来的那些帝王将相，没有一个不是以自强自立做起的。即便是那些圣贤之士，他们也需要自强自立的方法。掌握了这种方法，他们才能意志坚定，临危不惧。以前我在京城为官的时候，也经常与一些身居要职的高官

闹意见。那时候的我，也是有着不畏强暴、挺然独立的气概。而现在我才体会到天地之道，是要刚柔并济，不可偏废。太柔容易萎靡，太刚则容易折断。这里的刚不是暴虐的意思，只是要使弱变强；柔也不是卑弱的意思，只是在强的方面谦退一些罢了。做事为公，应当勉力争取；争名逐利，则应当谦让退却。开创家业，应当奋发进取；守业享成，则应当谦逊平和。出外与人结交应对，应该努力表现；回家与妻儿安享消受，就要谦恭、淡然。如果一方面在外建功立业，捞取崇高的声望。在家到处添置房产，过着奢华的生活。其实这两者就是盈满的征兆。不懂得克制自己，那么这种状态是不会长久的。

【解读】

人不可无刚毅，无刚则不能自立。不能自立，自强也就无从谈起。人不能自强，难成就一番大事业。刚就是使一个人站立起来的必要条件，它是一种威仪，一种自信，一种力量，一种不可冒犯的气场。自古以来，哪一个帝王将相不是靠自立自强闯出来的？哪一个圣贤不是各有各的自立自强之道呢？孔子可算是仁至义尽的了，而且他所追求的正是中庸之道。不过孔子也有刚毅的时候。他当宰相刚刚七天，就将少正卯正法。由此看来，正是因为具备了刚毅，这些大贤们才能独立不惧，坚忍不拔。刚就是一个人的骨气。

【原文】

至于倔强二字，却不可少。功业文章，皆须有此二字贯注其中，否则柔靡不能成一事。孟子所谓至刚，孔子所谓贞固，皆从倔强二字做出。吾兄弟皆秉母德居多，其好处亦正在倔强。若能去忿欲以养体，存倔强以励志，则日进无疆矣。

【译文】

至于"倔强"这个词，做人是绝对少不了的。不论是做事还是做文章，都必须将"倔强"这个词融会其中。否则做人就会软弱，写出的文章也就软绵无力。做人做事都会一事无成。孟子所说的至刚，孔子所说的贞固，都是由"倔强"中提炼而成。我们家兄弟都继承了母亲的很多美德，它的好处也正是在倔强上。如果我们能祛除满身的欲望，多休养身体，平常再能多些倔强来激励自己的志气，那么我们就能取得长足的进步。

【解读】

对于究竟何时该刚，何时该柔，曾国藩也有自己的原则。但凡经办的公事，曾国藩往往据理力争，表现得非常刚强。而面对自己的得失，在名利的追求上，曾国藩一再表现出退让的态势。为家业打拼时，就应当强矫；而守业享福时，能谦让的绝不强求。享乐时应当谦退；在外待人接物时应当强矫，居家与妻儿享受时应当谦退。

这是对于刚与柔恰当的把握，所以晚年的曾国藩是"能柔能刚，能弱能强。舒之弥四海，卷之不盈杯"。当他面对朝廷内部的危机时，他选择以柔克刚。不过当他镇压太平天国起义时，曾国藩将自己的刚强表露无遗。他训练出来的湘军，在对付太平军的过程中，可以说是残忍到了极点。

【原文】

至于强毅之气，决不可无，然强毅与刚愎有别。古语云自胜之谓强。曰强制，

曰强恕，曰强为善，皆自胜之义也。如不惯早起，而强之未明即起；不惯庄敬，而强之坐尸立斋；不惯劳苦，而强之与士卒同甘苦，强之勤劳不倦，是即强也。不惯有恒，而强之贞恒，即毅也。舍此而求以客气胜人，是刚愎而已矣。二者相似，而其流相去霄壤，不可不察，不可不谨。

【译文】

所谓的强毅之气，是绝对不能没有的。但是一定不能将刚毅和刚愎自用混为一谈。古话说，能够超越自我的就叫强。强制、强恕、强为善，都是战胜自我的意思。比如说没有早起的习惯，那就逼着自己要早起；不习惯庄重恭敬，就强迫自己参加祭祀、斋戒；不习惯劳苦，就强迫自己与士兵同甘共苦。能强迫自己勤劳不倦，就是强。不习惯坚持，却能强迫自己坚定地持之以恒，就是毅。除此之外，如果一味地追求以气势压人的，就属于刚愎。刚毅和刚愎在表现上有相似之处，但是其实质的内容却有着天壤之别。所以对于这两者不可不察觉，不可不谨慎。

【解读】

曾国藩在首次攻占武汉之后，消息传到京城，咸丰帝大为欣喜，不由自主地对曾国藩夸奖了起来。但是朝里那些王公大臣们却提醒咸丰帝："一个汉臣，居然能有一呼百应的能力，这对于国家未必就是一件好事。"听了这话，咸丰帝马上面陈似水，半晌无语，长时间陷入了沉思。

所谓"福兮祸所伏，祸兮福所倚"，世间的事物就是在这此消彼长的累积中埋下危机。事情往往在大吉大利后，就是大凶大难之时。以冷静的心态去面对吉利的事情，才能更早地察觉灾祸的来临。

英才篇

【原文】

虽有良药，苟不当于病，不逮下品；虽有贤才，苟不适于用，不逮庸流。梁丽可以冲城，而不可以窒穴。嫠牛不可以捕鼠；骐骥不可以守闾。千金之剑，以之析薪，则不如斧。三代之鼎，以之垦田，则不如耜。当其时，当其事，则凡材亦奏神奇之效。否则铻铻而终无所成。

故世不患无才，患用才者不能器使而适用也。魏无知论陈平曰："今有尾生孝己之行，而无益胜负之数，陛下何暇用之乎？"当战争之世，苟无益胜负之数，虽盛德亦无所用之。余生平好用忠实者流，今老矣，始知药之多不当于病也。

【译文】

即便拥有良药，如果不能对症下药，那这药也就失去了其独特的药效。所谓的那些有才能的人，如果不将自己的才华运用在适合自己的岗位上，那他和一个普通人没有什么区别。质地坚韧的木梁，虽然可以撞开牢固的城门，

但是却堵不住老鼠洞。强壮的水牛不会捕捉老鼠，日行千里的骏马也不能守住家门。价值千金的宝剑用来砍柴，还不如斧头好用。传世数代的宝鼎，用来开垦荒地，还不如普通的木犁。只要是物尽其用，即便是再普通的东西，也能发挥出神奇的作用。如果连宝剑和锄头都分不清该在哪里用，干什么事都会一塌糊涂。

因此世人忧虑的不是没有人才，忧虑的应该是怎样运用好人才。当年魏无知在谈论陈平的时候说道："眼下有个年轻人，非常懂得孝道，但是却不懂得战争的谋略，陛下您应该怎么用他呢？"这个问题很值得人们去思考，当一个国家处于混乱的战争年代时，即便他的德行再高雅，世道也不会提供给他表现自己的机会。我这辈子喜欢任用忠厚可靠的人。而如今我老了，才知道这药虽多，却也有治不了病的时候。

【解读】

这个世上并不存在完美的人，即便是圣人，也是优点和缺点并存的。作为一个成功的领导，需要根据属下的特点去发挥他的长处，避免他的短处，这就叫"知人善任"。做为一个领导，要本着"人无完人，金无足赤"的原则看待每一名下属。不会因为下属有着一些小缺点就与之失之交臂。这样就会使那些本身有才华的人感到怀才不遇。所以看人就要先看他的长处，不能只盯着别人的短处。如果以完美的标准来评定人才，那这个世界上根本就没有人才。

廉矩篇

【原文】

翰臣方伯廉正之风，令人钦仰。身后萧索，无以自庇，不特廉吏不可为，亦殊觉善不可为。其生平好学不倦，方欲立言以质后世。弟昨赙之百金，挽以联云："豫章平寇，桑梓保民，休讶书生立功，皆从二十年积累立德立言而出；翠竹泪斑，苍梧魂返，莫疑命妇死烈，亦犹万古臣子死忠死孝之常。"登高之呼，亦颇有意。位在客卿，虑无应者，徒用累欷。韩公有言："贤者恒无以自存，不贤者志满气得。"盖自古而叹之也。

【译文】

翰林重臣方伯，他一生做官廉洁清正，真的令人钦敬仰慕。可是当他死后，家庭马上就衰败了，造成自己的家人都无所庇护。像这样的清官并不是我们学习的榜样。当清官当到这个地步，行那么多的善有什么用呢？他这一辈子好学不倦，而且本来还想着撰书立说传于后世，可惜这就突然去了。我昨日里送了他家百两纹银，帮助他家料理丧事，后来又做了一副对联送去悼念他：

"豫章平寇，桑梓保民，休讶书生之功，皆从二十年积累立德立言而出；翠竹泪斑，苍梧魂返，莫疑命妇死烈，亦犹万古臣子死忠死孝之常。"我这样站出来大声呼吁，颇有号召众人学习的意思。但我只是处于客卿的位置，估计也不会有多少人响应，所以只得肚子感叹罢了。韩愈曾说过："那些贤德的人，经常搞得连自己的基本生活都成问题；而无德的人，总是不用为生计而操心却志得意满。"这也是古人对于这种现象的深深思考吧！

【解读】

为官不贪，这是曾国藩最基本的自我追求。曾国藩的祖父曾经教诲他说："虽然你眼下被点了翰林，但是我家世代以农业为生，你不可指着做官谋生计。"对于长辈的教诲，曾国藩始终牢记于心。他曾说："从我三十岁开始，我便以做官发财为莫大的耻辱，以为别人公报私囊而发家羞愧难当。因此我发下重誓，此生为官绝不靠它发家致富。神明作证，我绝不食言！"

曾国藩办团练的最初阶段，喊出的口号就是"不要钱，不怕死"。而且他还经常以这六个字来时常提醒自己。在他给湖南各县的官员写的信里，曾国藩说："自己感到才能不大，不足以谋划大事，只有以'不要钱，不怕死'六个字时时警醒自己，见以鬼神，无愧于君父，借此来号召乡土的豪杰人才。"曾国藩所说的不要钱，实际上指的就是不贪财，拒收不干净的钱财。他说："不贪财，不失信，不自是，有此三者，自然鬼伏神钦，到处受人敬重。"又说，一般的人，都不免贪钱以肥私囊。我不能禁止他人贪取，只要求自己不贪取。我凭此示范下属，也以此报答皇上厚恩。"不贪财、不苟取"，这就是曾国藩的信条。

勤敬篇

【原文】

为治首务爱民，爱民必先察吏，察吏要在知人，知人必慎于听言。魏叔子以孟子所言"仁术"，术字最有道理。爱而知其恶，恶而知其美，即"术"字之的解也。'又言蹈道则为君子，违之则为小人。观人当就行事上勘察，不在虚声与言论；当以精己识为先，访人言为后。

【译文】

政府部分的工作要想顺利地开展，首要的就是要爱护子民，而爱护子民首先要先监督执法的官吏。监督官吏的目的是了解官吏们的为人。而要想了解他们的为人，就必须去谨慎认真地观察他们的言行。魏叔子认为孟子所说的"仁术"中，"术"字最有道理。喜爱一个人，可以接受他的缺点。讨厌一个人，也不能否认他的优点。这就是"术"字的意思。又说能够顺应潮流，遵行大道的才是聪明的君子。而违反大道发展的君子，其实和小人没什么区别。若想真正地了解一个人的内在，就必须在平常认真观察他的所作所为，而不

在于其虚假的名声和浮夸的言论。应当先提高自己的观察、实践能力，然后再去观察别人的言行。

【解读】

曾国藩曾多次苦口婆心地劝说自己的湘军将士要善待百姓，爱护百姓。一方面因为当时的太平军实力雄厚，而曾国藩希望通过爱护百姓的方式，将民心收归所有，为己所用。另一方面也是因受儒家正统思想的影响，曾国藩无论是做官还是带兵，都是一心为了替百姓免去灾害。所以，在湘军里但凡发生欺辱百姓的事件，曾国藩从来都是严惩不怠。这也是为什么民心向曾不向洪的重要原因之一。

【原文】

古人修身治人之道，不外乎勤、大、谦。勤若文王之不遑，大若舜禹之不与，谦若汉文之不胜，而勤、谦二字，尤为彻始彻终，须臾不可离之道。勤所以儆惰也，谦所以儆傲也，能勤且谦，则大字在其中矣。千古之圣贤豪杰，即奸雄欲有立于世者，不外一勤字；千古有道自得之士，不外一谦字，吾将守此二字以终身，倘所谓朝闻道夕死可矣者乎！

【译文】

古人修身治人的方法里，也不外乎就是"勤于政事、胸怀广大、谦虚谨慎"这么几点。"勤"则犹如周文王那样，勤于政务到根本没有任何的闲暇；

"大"如上古的舜、禹两位帝王，他们的功业伟大到几乎没有人可以替代；"谦"如汉朝的文帝，谦虚到总是担心自己许多事都不能胜任。而对勤于政事、谦虚谨慎这两点，更要从始至终地贯彻到底，一刻也不能背离。勤于政事可以使懒惰的习气警醒，谦和、谨慎的态度可以警惕骄傲情绪滋生。能够勤劳、谦和，那么胸怀宽广自然就在其中了。古往今来的那些圣贤豪杰，哪怕他是个受人诟病的奸雄，他们共同的特点就是一个"勤"字；而那些通古晓今的博学之士，也不外乎就是个"谦"字。而我也将要求自己遵守这两条原则行事。争取也能达到"早晨听到了人间至理真谛，晚上死了也值得了"的境界。

【解读】

曾国藩认为，理想称职的政治家必须具备有以下的素质。

一是有责任心。在谈到责任心时曾国藩这么说："无论为人君，为督抚，为州县之官，均负领导社会、转移风气、培养人才之责任。"这在曾国藩的"应诏陈言疏"中固可知之，于其所作之"原才篇"中更可知之。他尝致官文书云："弟与阁下均居崇高之地，总以维持风气为先务。"亦足见曾国藩理想中之政治家当负有维持风气之责任。

二是要讲道德。就道德方面而言，"欲领导社会，转移风气，必当律己以严，以身作则"。此于曾国藩之《应诏陈言疏》中既可知之，于其所作之《原才篇》中更可知之，其复李希庵函云："今天下大乱，人人皆怀苟且之心，出范围之外，无过而问者焉。吾辈当自立准绳，自为守之，共约同志者共守之，无使吾心之贼，破吾心之墙耳！"足见曾国藩理想中的政治家应当具备律己以严的道德。

三是要有不凡的才干。就才干方面而言：既抱淑世之心，当有用世之具。"才须学，学须识"，曾国藩既称述武侯之言，"取人为善，与人为善"，曾国藩复乐道孟子之语。盖舍多学而识，无以成其才；舍集民广益，无以长其智。既无用世之才具，空抱救世之热忱，于事终无所济。曾国藩生平虽好以德取人，

亦兼顾才识。如复左宗棠函云："尊论人才唯好利、没干两种不可用，鄙意好利中尚有偏裨之才，唯没干者，决当摒斥。"而《原才篇》亦云："民之生，庸弱者戢戢皆是也，有一二贤且智者，则众人君之而受命焉，尤智者所君尤众焉。"故曾国藩理想中之政治家当有用世之才具。

四是态度。就态度方面而言：曾国藩所谓"广收，慎用，勤教，严绳"，已可知其大概。盖自古官箴，为清慎勤；曾国藩亦尝以此自勉，并曾作三字箴。其清字箴曰：名利两淡，寡欲清心，一介不苟，鬼伏神钦。慎字箴曰：战战兢兢，死而后已，行有不得，反求诸已。勤字箴曰：手眼俱到，力求交瘁，困知勉行，夜以继日。

诡道篇

【原文】

带勇之法，用恩莫如用仁，用威莫如用礼。仁者，即所谓欲立立人，欲达达人也。待弁勇如待子弟之心，尝望其成立，望其发达，则人之恩矣。礼者，即所谓无众寡，无大小，无敢慢、泰而不骄也。正其衣冠，尊其瞻视，俨然人望而畏之，威而不猛也。持之以敬，临之以庄，无形无声之际，常有懔然难犯之象，则人知威矣。守斯二者，虽蛮貊之邦行矣，何兵勇之不可治哉？

【译文】

带兵的诀窍在于，用恩情倒不如施加仁义，用威严不如施加礼遇。所谓的"仁"，说的是如果想让自己立身，首先得先让别人立身；自己的事情想做成功，首先你得先帮着别人的事情办成功。将这样的道理运用在对待自己的士兵上，对待他们要像对待自己的子弟一样，真心希望他们将来能成就事业，真心希望他们将来能兴旺发达。这样的话，他们也能感觉到你的真心，从而对你感恩戴德。所谓的"礼"，指的是人与人之间，不分大小，也不分上下，

均应平等看待；不怠慢对方，在别人面前也不可骄盈。衣冠楚楚，端正严肃，人们自然会对你产生一股敬重之情。不过也不能太过庄重。待人以尊敬，处人以端庄，在无形中，必然可以焕出自己体内的浩然正气，使其他人对自己难以进犯，让别人可以感受到你的威严。如果能够信守"仁"和"礼"，即便是到了异国他乡，也依然可以畅行无阻。如此一来，领兵率军还会有什么困难吗？

【解读】

湘军是曾国藩为剿灭太平天国起义所组建的一支地方武装。组成湘军的绝大多数士兵都是湖南子弟。而曾国藩在组建部队之初，就十分重视对这支部队的精神教育。他耗费数年操练湘军。他自己也说过，在他的眼里，这些手下的将领就如同自己的亲兄弟一般，而那些士兵们就如同自己的亲子侄一样。用仁义、礼数来治理士兵，使湘军戮力同心、同仇敌忾、军心牢固。同时，曾国藩从不迷信兵书，他认为兵法不在多，重要的是将领们一定要学会活学活用。并且需要勤奋的士兵能将制定下来的策略操练纯熟。只有这样，打起仗来军队才不会混乱。

【原文】

兵者，阴事也，哀戚之意，如临亲丧，肃敬之心，如承大祭，庶为近之。今以羊牛犬豕而就屠烹，见其悲啼于割剥之顷，宛转于刀俎之间，仁者将有所不忍，况以人命为浪博轻掷之物。无论其败丧也，即使幸胜，而死伤相望，断头洞胸，折臂失足，血肉狼藉，日陈吾前，哀矜不遑，喜于何有？故军中不宜有欢欣之象；有欢欣之象者，无论或为悦，或为骄盈，终归于败而已矣。田单之在即墨，将军有死之心，士卒无生之气，此所以破燕也；及其攻狄也，黄金横带，而骋乎淄渑之间，有生之乐，无死之心，鲁仲连策其必不胜。兵事之宜惨戚，不宜欢欣，亦明矣。

【译文】

兵事，总归不是件什么吉利的事。哀戚的感觉就如同参加亲人的葬礼一般，其肃敬的心情又好像是参加大型的祭奠活动一样，这样的比喻还是比较贴切的。当我们看到那些猪狗被屠宰时，听见他们声嘶力竭的哀嚎，在痛苦中无助地挣扎。这对于任何一个有同情心的人来说，都会不堪入目，肯定会产生怜悯之心的。何况战场上死去的是一个个鲜活的人，岂能当作儿戏！不说是失败，即使侥幸得胜了，但也有生死两相忘，断头穿胸甲，折臂失手足，血肉竟狼藉的惨剧。这些每天都浮现在我的眼前，我连哀痛怜恤都来不及，对于胜利又有什么喜悦可讲呢？所以军中不可以有欢欣的气象。如果有欢欣的气象，不论是和悦，或者骄盈，终究都会走向失败的。田单在即墨的时候，将军有誓死之心，士卒也没有偷生的想法，这就是破燕的根本所在。到他进攻狄的时候，有黄金横带，驰骋在淄渑之间，有生之乐，没有死之心，鲁仲连认为他们不会取胜。兵事上宜惨戚，不宜欢欣，这是明白无误的了。

【解读】

曾国藩曾说："行军本非余之所长，兵贵奇而余太平，兵贵诈而余太直。""平"、"直"二字，这两个字就可以大致概括曾国藩的带兵思想。但是，这并不是说曾国藩带兵就毫无新意。曾国藩在一心求稳的同时，也具

备灵活运用战术的特点。他指示下属说:"兵事喜诈而恶直也。""古人用兵,最重'变化不测'四字"。又说:"行兵最贵机局生活。""忽主忽客,忽正忽奇,变动无定时,转移无定势,能一一区别之,则于用兵之道思过半矣!"

关于稳慎与灵活的关系,曾国藩在一副箴弟联中说得很明白:打仗不慌不忙,先求稳当,次求变化;办事无声无息,既要精到,又要简捷。稳慎与变化,有先后之序;精到与简捷,须同时并求。这就是曾国藩战略原则的总要求。

【原文】

练兵如八股家之揣摩,只要有百篇烂熟之文,则布局立意,常有熟径可寻,而腔调亦左右逢源。凡读文太多,而实无心得者,必不能文者也。用兵亦宜有简练之营,有纯熟之将领,阵法不可贪多而无实。此时自治毫无把握,遽求成效,则气浮而乏,内心不可不察。进兵须由自己做主,不可因他人之言而受其牵制。非特进兵为然,即寻常出队开仗亦不可受人牵制。应战时,虽他营不愿而我营亦必接战;不应战时,虽他营催促,我亦且持重不进。若彼此皆率率出队,视用兵为应酬之文,则不复能出奇制胜矣。

【译文】

练兵就如同写八股文,只要心里有成百上千的现成文章,自然对文章的结构布局、立意主题之法轻车熟路。行文腔调也会左右逢源。即便是那些读书很多,但对文章没有自己体会的人,一定写不出什么好文章来。用兵和做文章是一样的道理,用兵也应该有简达易练的营垒、兵法纯熟有谋略的将领,阵法的学习不可过于贪多,太多的阵法选择,就显得很不符合实际。这时,自己想控制全局是毫无把握的，如果立即追求成效，就会虚火上浮而身体困乏，弟心中不可不明白这一点。我们常说进兵必须由自己做主，不能因为他人的言论而受到牵制。不仅进兵是这样，即便寻常出兵打仗也不能受人牵制。应该开战的时候，即使别的营垒不愿出战，我的营垒也必须接战开火；不应该出战的时候，即便是其他的营垒一再催促，我们也应当坚持按兵不动。如果彼此都牵连在一起，勉强出兵的话那就如同是应付了事一样，根本起不到出奇制胜的效果。

【解读】

曾国藩说，守城者为主，攻者为客，守营垒者为主，攻者为客，中途相遇，先至战地者为主，后至者为客。两军相峙，先呐喊放枪者为客，后呐喊放枪者为主。两人持矛相斗，先出招相刺的为主，后出招的就是客。

曾国藩的战略战术核心思想，讲的就是"以退为进"，绝不轻易出手。在休养中积攒自己的实力，保存自己的有生力量。等待时机，以求达到后发制人的效果。在咸丰九年（1859）二月，曾国藩在日记中写道："兵者不得已而用之，常存一不敢为先之心：让别人去打第一下，我再去打第二下。"正是这一思想的具体体现。

久战篇

【原文】

久战之道，最忌势穷力竭四字。力则指将士精力言之，势则指大局大计及粮饷之接续。贼以坚忍死拒，我亦当以坚忍胜之。唯有休养士气，观衅而动，不必过求速效，徒伤精锐，迨瓜熟蒂落，自可应手奏功也。

【译文】

进行持久战时，最听不得"势穷力竭"这四个字。力，是指将士的精力气力；势，指的是战略的大局，全盘作战的制定，以及粮饷的供应补充。守城的敌人以顽强的决心殊死抵抗，我们围城的将士也要发扬相同的意志品质与之抗衡，往往坚持到最后的那一方就是最后的胜利者。碰到这样的情况，我们应当让自己的士兵休养士气，在等待的过程中去捕捉战机。不必纠结于快速地追求胜利而费心费力。一旦时机成熟，士兵们的精神也都养得差不多，夺取战斗的胜利，就如同瓜熟蒂落一般水到渠成。

【解读】

"久战，实为持久之战。其必心如铁石，意志坚韧。"这句话用来形容曾家军与太平天国的博弈是再贴切不过了。

战争的初期，曾国藩的湘军势力与太平军相比，还是有着巨大差距的。但是最终湘军能够以弱胜强取得最终的胜利，这与曾国藩对持久战深刻的认识是分不开的。

曾国藩的持久战策略以防守为主，进攻为次，以守代攻，用消耗战去和太平军长期地周旋。虽然在战事的初期，湘军遭到了一些打击，但是最终的结果证明，正是依靠着一点点消耗，最终拖垮了盛极一时的太平天国。

【原文】

凡与贼相持日久，最戒浪战。兵勇以浪战而玩，玩则疲；贼匪以浪战而猾，猾则巧。以我之疲战贼之巧，终不免有受害之一日。故余昔在营中诫诸将曰："宁可数月不开一仗，不可开仗而毫无安排算计。"

【译文】

凡是陷入和敌人的持久战的，最需要提防的就是士兵们的散漫作战。士兵们会随着战事的推移散漫作战而不在意，继而就会懈怠和不认真。敌人若是见了我军散漫，将会变得更加得意和狡猾。狡猾的敌人会变得更加机巧。如果以散漫的部队去对付狡猾、机巧的敌人，终有一天是要吃败仗的。所以我曾对各级将领说："宁可数月不开一仗，也不可开仗而毫无安排计划。"

【解读】

曾国藩训练出的湘军是官兵之间团结、上下之间团结、三军之间团结。这样团结的部队的凝聚力是不可小视的。只有这样的部队才能以一敌十。而再看看太平天国内部，高层忙着勾心斗角，争夺权力和地位，而太平军是"上不信下，下不信上，上下离心"，军心离散。其实他们的成败早有定论。

【原文】

夫战，勇气也。一鼓作气，再而衰，三而竭。国藩于此数语，常常体念。大约用兵无他巧妙，常存有余不尽之气而已。孙仲谋之攻合肥，受创于张辽；诸葛武侯之攻陈仓，受创于郝昭，皆初气过锐，渐就衰竭之故。唯荀䓨之拔逼阳，气已竭而复振；陆抗之拔西陵，预料城之不能遽下，而蓄养锐气，先备外援，以待内之自毙。此善于用气者也。

【译文】

打仗，全凭的是"勇"字。古人说第一次击鼓进攻时，士兵的士气是最旺盛的。而第二通鼓敲响时，士气就会有所削弱。当第三通鼓敲响时，士气则完全衰竭了。这是古人用兵时总结出来的经验。我对这几句话，经常思索、琢磨。大概用兵并无其他奥妙，经常保持锐气不使其用尽就可以了！孙权攻打合肥，受挫于张辽；诸葛亮攻打陈仓，败在郝昭手下，这都是因为起初士气太盛，久攻不下，士气逐渐衰竭的缘故。而荀䓨能攻克逼阳国，是因为本来已经衰竭的士气，后来又振作起来；陆抗能攻克西陵，是因为他预想到了西陵城防是一时拿不下的，所以他的军队在西陵城附近养精蓄锐，保持士气。先将城池围得水泄不通，然后就等着城里的敌人最后自动投降，这就叫做善于运用士气。

【解读】

久攻不下的时候，最能体现出一个将领的军事素养。曾国藩认为当久攻不下的时候，不妨让军队退守。退守一来是为了让军队得到修整，重新积攒士气。同时退守还可以起到引蛇出洞的作用。给那些龟缩的敌人传递误导信息。将敌人引出自己的营盘再加以消灭。他曾援引陆抗久战告捷的例子，来说明打持久战时，困守敌方的策略。陆抗攻打西陵的时候，料想到不能很快攻下这座城池，所以他养精蓄锐，保持士气，采取围点打援的策略，就在城外守着，等待对方城内无法困守而自动投降。

廪实篇

【原文】

勤俭自持，习劳习苦，可以处乐，可以处约，此君子也。余服官二十年，不敢稍染官宦气习，饮食起居，尚守寒素家风，极俭也可，略丰也可，太丰则不敢也。凡仕宦之家，由俭入奢易，由奢返俭难。尔年尚幼，切不可贪爱奢华，不可惯习懒惰。无论大家小家、士农工商，勤苦俭约，未有不兴，骄奢倦怠，未有不败。

大抵军政吏治，非财用充足，竟无从下手处。自王介甫以言利为正人所诟病，后之君子例避理财之名，以不言有无，不言多寡为高。实则补救时艰，断非贫穷坐困所能为力。叶水心尝谓，仁人君子不应置理财于不讲，良为通论。

【译文】

勤劳节俭，这是我保持多年的操守。习惯劳苦的人，既能享得清福，也能受得贫苦。这才是真正的君子。我为官二十多年来，一丝一毫也不敢沾染官场上的奢侈之风。我平常的一切起居，还和过去的生活没有什么区别。朴素的生活我过得，稍微丰厚点的生活，我也能接受。但是要是太过丰厚的生活，我恐怕是受之有愧，而且对于那样的生活也过不习惯。凡是做官的人家，由俭朴到奢侈很容易，可是由奢侈恢复到俭朴可就难了。你年纪还小，千万不能贪恋奢侈，不能养成懒惰的习气。无论是家大业大的大户家庭，还是勤俭持家的小门小户，也不管是士子、农民、雇工还是商人，只要保持勤俭家风的，无一不兴旺的。而过于奢侈的家庭，没有一个是能长久的。

大到治军、治国上，如果没有充足的经济基础，那做什么决策都无从下手。自从王安石（字介甫）变法时，因他谈论利财而被那些所谓的正人君子评论、批驳后，后世的君子们都忌讳谈理财这个问题。以从不说有无钱财和财力多寡为清高。实际上到了补救国力、扭转时世的时候，这肯定不是贫穷困苦能解决问题的。叶适（号水心）曾说：仁人君子不应当不讲理财问题。这真是个很好的说法。

【解读】

曾国藩勤俭是出了名的，当年他在署衙中时，也以"廪实"的"俭"字诀教诲幕僚。而且他还讲过很多徽商的经营理财之道。

曾国藩的几个弟弟中，有的当了官，有的持业在家。而在给弟弟们的书信中，他多次提到无论是为官持家，勤俭都是必不可少的。在《书赠仲弟六则》中说："凡多欲者不能俭，好动者不能俭。多欲如好衣、好食、好声色、好字画古玩之类，皆可浪费破家。弟向无癖嗜之好，而颇有好动之弊。今日思作某事，明日思访某客。所费日增而不觉，此后讲求俭约，首戒好动。不轻出门，不轻举事，即修理桥梁道路，寺观善堂，亦不可轻作。举动多则私费大矣。其次则仆从宜少，所谓食之者寡也。其次则送情宜减，所谓用之者舒也。否则今日不俭，异日必欠债。既负累于亲友，亦贻累于子孙。"

【原文】

夷务本难措置，然根本不外孔子忠、信、笃、敬四字。笃者，厚也。敬者，慎也。信，只不说假话耳。然却极难。吾辈当从此字下手，今日说定之话，明日勿因小利害而变。如必推敝处主持，亦不敢辞。祸福置之度外，但以不知夷情为大虑。沪上若有深悉洋情而又不过软媚者，请邀之来皖一行。

以正理言之，即孔子忠敬以行蛮貊之道。以阴机言之，即句践卑辱以骄吴人之法，闻前此沪上兵勇多为洋人所侮慢，自阁下带湘淮各勇到防，从无受侮之事。孔子曰能治其国家，谁敢侮之。我苟整齐严肃，百度修明，渠亦自不至无端欺凌。既不被欺凌，则处处谦逊，自无后患。柔远之道在是，自强之道亦在是。

【译文】

洋务问题本来就是个棘手的问题。但这件事的本质，也跳不出孔夫子所说的"忠、信、笃、敬"四个字。笃，说的是质厚敦实；敬，就是谦虚谨慎；信，就是诚实不虚。然而，这几个字说起来容易，做起来确是异常的艰难。我们以这几个字为切入点着手开展。今天所定下的发展策略和方向，不能因为明天的一点小利益就轻易地改变。如果朝廷任命我来处理洋务问题，那我也没有什么好推辞的。我可以将自己的生死置之度外，但还是会因为不了解外国的国情而深深地忧虑。假如上海那边有了解洋务问题，而且又淳厚正直的人才，可让他速速来安徽见我。

从道义上来说，我们以孔子的敬礼与洋人打交道。从机变权谋来讲，勾践的卧薪尝胆、忍辱负重的救国之道也值得我们借鉴。我听说前一段时间，上海的兵勇们遭到了洋人的欺负。而你从湘淮带去的部队还没有发生过类似的情况。孔子说："有自治能力的国家，没有人敢欺辱。"如果我们能严明律己，军队里的各种事务都处理得妥妥当当的，自然也就不会受辱。既然不被欺凌，我们自己也要处处小心，这样自然就没有后患了。以柔和之道谋发展，这才是自强的正道。

【解读】

曾国藩将农业提到国家经济中基础性的核心地位，他认为，"民生以穑事为先，国计以丰年为瑞"。他要求"今日之州县，以重农为第一要务"。

而此时，西方列强用船炮轰开了中国的大门，并且通过不平等条约强迫中国开放通商口岸。开放通商口岸可以互通有无。与中国内地的盐务一样，不但便利洋商，也便利华商，可以施行。并且，西方的器物、用具有适用的，我们也可以拿来用。曾国藩在这里显示了能够与时俱进的卓见。既然明知道西方列强是不达目的不罢休，那我们就依了他们的要求，况且这样做对大清也是有益处的。

峻法篇

【原文】

世风既薄,人人各挟不靖之志,平居造作谣言,幸四方有事而欲为乱,稍待之以宽仁,愈嚣然自肆,白昼劫掠都市,视官长蔑如也。不治以严刑峻法,则鼠子纷起,将来无复措手之处。是以壹意残忍,冀回颓风于万一。书生岂解好杀,要以时势所迫,非是则无以锄强暴而安我孱弱之民。牧马者,去其害马者而已;牧羊者,去其扰群者而已。牧民之道,何独不然。

【译文】

当今的社会风气变得越来越不淳朴,人人都各怀有一颗不安分的心。平日里他们喜欢在人前造谣生事,唯恐天下不乱。一旦天下混乱,他们就可从中作恶为害。而如果执法者对他们稍加宽容,他们就会更加肆无忌惮,光天化日之下在市集抢掠财物,将官府君长视同无物。如果不用严刑峻法惩治他们,那些宵小鼠辈就会纷纷涌起,等将来酿成大乱就无法收拾了。因此我才注重采用残酷的手段,希望起到微小的作用,以挽救颓废败坏的社会风气。读书人哪里会喜好杀戮，实在是被眼下的形势所逼迫。如果不这样，就没办法铲除强横暴虐之徒，安抚我们软弱和平的民众。放牧马群的人，剔除那只害群之马就可以了。放牧羊群的人，找出那只扰乱羊群的坏羊就可以了。治理民众的时候，又何尝不是这样的道理呢？

【解读】

曾国藩虽主张"治国以礼为本"，强调一个国家真正的大治，要遵从我国传统文化里最推崇的"以礼自治"和"以礼治人"，把礼看作根治违法的根本。但是曾国藩并不赞成国家的长治久安能完全脱离法制。为此，他极力赞赏周敦颐的法制观："圣人之法天，以政养民，肃之以刑。民之盛也，欲动情性，利害相攻，不止则贼灭无论焉。故得刑以治情伪微暧。"他甚至将唐虞以后的五刑称作"不易之典"。

曾国藩所主张的法制，讲的是在执法的过程中，一定要遵照严肃认真的原则。而且法制就必须有法律的依靠，要依靠就必须得立法。国家所立的法律必须能严格地执行。他说，凡立一法，出一令，期在必行；若待而不行，尔后更改，则不如不轻议法令为好。他强调执法必须从严，但并非漫无条律，而是要"以精微之意，行吾威厉之事，期于死者无怨，生者知警，而后寸心乃安"。

【原文】

医者之治瘠痈，甚者必剜其腐肉而生其新肉。今日之劣弁羸兵，盖亦当之为简汰，以剜其腐者，痛加训练，以生其新者。不循此二道，则武备之弛，殆不知所底止。立法不难，行法为难。凡立一法，总须实实行之，且常常行之。

【译文】

医生在给瘦弱病人治疗身上的痈疮时，如果病情十分严重，即便这个病人再瘦弱，也必须剜除他身上的病灶，使腐烂的地方能尽快长出新肉，这样才能祛除病根。反观之，现在军队里的那些散漫，战斗力不强的士兵，也应该清理出我们的队伍，就如同医生剜除病人身上的病灶一样。精简了队伍，然后再对剩下来的士兵加以严格训练，整治军令，这样才能训练出一支有战斗力的部队。如果不按照上述两种办法整顿军队，那么军队武力的废弛，不知要到何时才会停止。立法并不难，难就难在执法。立法者能不能始终严格地依法办事。所以每一条法令的制定，都必须持之以恒去坚决执行。

【原文】

以精微之意，行吾威厉之事，期于死者无怨，生者知警，而后寸心乃安。待之之法，有应宽者二，有应严者二。应宽者：一则银钱慷慨大方，绝不计较，当充裕时，则数十百万掷如粪土，当穷窘时，则解囊分润，自甘困苦；一则不与争功，遇有胜仗，以全功归之，遇有保案，以优奖笼之。应严者：一则礼文疏淡，往还宜稀，书牍宜简，话不可多，情不可密；一则剖明是非，凡渠部弁勇有与官姓争讼，而适在吾辈辖境，及来诉告者，必当剖决曲直，毫不假借，请其严加惩治。应宽者，利也，名也；应严者，礼也，义也。四者兼全，而手下又有强兵，则无不可相处之悍将矣。

【译文】

用严谨认真的态度，为自己立威立身。务必做到让那些将被处死的犯人心服口服，没有一丝埋怨。只有这样，我们的内心才能得到安宁。在对待属下的时候，要掌握好两宽两严的原则：两宽的第一条是使用银钱之事慷慨大方，绝不计较。当钱财充裕的时候，要挥金如土，一掷数十百万；当穷困窘迫的时候，也要慷慨解囊，分利于人，而自甘困苦。第二条是不与人争功，遇到打了胜仗，要将功劳全部归于别人；遇到有保举的事情，就通过保举优奖笼络、亲近他人。而两严的第一条是礼节文书要疏远、淡泊，来往要稀少，书信要简单明了，话不要太多，感情不要过于密切。第二条则是要剖析讲明是非对错，凡是他部下将士与官宦百姓争斗诉讼的，又恰在我们管辖范围之内，又有来诉苦告状的人，一定要弄清原委曲直，毫不假借包容，请其严加惩治。将自己的利益和名声放开，而将礼法和令法看严。假如这四方面都能做到的话，那手下就绝对不会有不听话的士兵和顶牛的将领了。

【解读】

对于"怠惰偷安"、不躬亲狱讼的州县长官，曾国藩提出了"记过示惩"或"严参不贷"这两条惩罚措施。他曾要求管辖区内的各地方长官，在他们所管辖的地区一定要保持"政明刑清"的基本情况，每一个官员都不可贪图享受，要真心实意地为百姓做事，而且都必须注意对文化的学习和提高。清讼，还必须从速结案，以减轻人民的负担和对地方的骚乱。曾国藩在《直隶清讼期限功过章程》中对各类案件的处理规定了适当的期限：寻常命案，定例自获犯之日起，州县限三个月，审拟招解；斩绞立决命案，州县审两个月，审拟招解；大小盗案，定例自获犯之日起，州县限两个月，审拟招解；军流以下，徒罪以上杂案，定例限两个月，审拟详解；州县自理词讼，定例限二十日，完结。

外王篇

【原文】

凡恃己之所有夸人所无者,世之常情也;忽于所习见、震于所罕见者,亦世之常情也。轮船之速,洋炮之远,在英、法则夸其所独有,在中华则震于所罕见。若能陆续购买,据为己物,在中华则见惯而不惊,在英、法,亦渐失其所恃。购成之后,访募覃思之士,智巧之匠,始而演习,继而试造,不过一二年,火轮船必为中外官民通行之物,可以剿发逆,可以勤远略。

【译文】

凡是以自己有的,而别人没有的东西拿出来炫耀的,这其实是人之常情,可以理解。面对一些习以为常的东西,人们就会忽视它。但是当看见一些新鲜玩意时,总是会伴随着许多人的震惊和好奇。速度飞快的轮船,射程超远的洋枪炮,这些都是英国人和法国人拿出来炫耀的东西。对于我们中国人来说因非常罕见而感到吃惊。如果能购买轮船大炮为我们所有,那么中国人就会因为它常见而不觉得惊讶,英、法两国也就渐渐失去他们所倚仗的优势了。

等轮船大炮买回来之后，招募精思灵巧之才人，智慧奇巧的工匠，开始演练熟悉，然后尝试制造。用不了一两年，轮船、大炮肯定会成为中外军队共同使用的常备武器，一则可抵御外敌，二则还可以用来镇压太平军。国家的长久发展这是必不可少的策略。

【解读】

第二次鸦片战争后，曾国藩始终念念不忘"海国环伺，隐患方长"。他曾经反复提醒清廷："此次款议虽成，中国岂可一日而忘备？"曾国藩对西方列强的危机感，是从对轮船、洋枪的新鲜感中产生的。当我们面对一种新鲜事物的时候，在好奇的同时也会时常产生一些恐惧。而曾国藩的恐惧和担忧更是延伸到了将来。他预见到了洋人的新鲜玩意将来会对大清的统治造成极大的危险，所以他才如此重视引进西方技术和装备的事宜。

【原文】

师夷之智，意在明靖内奸，暗御外侮也。列强乃数千年未有之强敌。师其智，购其轮船机器，不重在剿办发逆，而重在陆续购买，据为己有。粤中猖獗，良可愤叹。夷情有损于国体，有得轮船机器，仍可驯服，则此生灵，免遭涂炭耳。有成此物，则显以宣中国之人心，即隐以折彼族之异谋。各处仿而行之，渐推渐广，以为中国自强之本。

【译文】

我们提倡去学习洋人的先进技术，短期来看是为了平定内乱，惩治奸徒。可从长期看的话，可以帮助我们抵御外族列强的侵略和骚扰。这些列强是我国历史上从未遇到过的强敌。我们以剿灭太平军为由，向列强购买轮船和枪炮，实际上是为了将他们的先进武器能长期持有。广东一带，洋人猖獗，实在令人可恨可叹。洋人放肆的这种情况实在有损我国国家威严。有了轮船机器，就可以反过来收拾那些洋人。只有这样，我们的百姓才能免遭他们的欺凌。而且有了先进的设备，还可以起到安抚国内民心的作用。买来的设备，让各个地方纷纷仿效、推广，以此作为我们中国自强的根本。

【解读】

随着西方列强在我国活动日益频繁，曾国藩对于列强以及他们的先进技术也有了一定客观、深入的认识。最终曾国藩选择了学习、吸收的态度来看待西方列强。不过曾国藩的吸收知识是为了使我中华自强自立。

放眼看世界的林则徐、魏源，面对日益落后的清王朝，提出"师夷之长技"，其目的也都是为了以西方先进的科学技术，来对抗西方资本主义列强的侵略。曾国藩早就有"修身、齐家、治国、平天下"的抱负，计求经世致用。在这种"内忧"、"外患"的"千古奇变"的情况下，曾国藩慢慢地接受了林则徐、魏源"师夷之长技以制夷"的救国思想，开始谋求从西方发展模式中，找出挽救大清的良方。

忠疑篇

【原文】

盖君子之立身，在其所处。诚内度方寸，靡所于疚，则仰对昭昭，俯视伦物，宽不怍，故冶长无愧于其师，孟博不惭于其母，彼诚有以自伸于内耳。足下朴诚淳信，守己无求，无亡之灾，翩其相庡，顾衾对影，何悔何嫌。正宜益懋醇修，未可因是而增疑虑，稍渝素衷也。国藩滥竽此间，卒亦非善。肮脏之习，本不达于时趋，而逡循之修，亦难跻于先进。独是蜗守介介，期不深负知己之望，所知唯此之兢兢耳。

【译文】

一般说来，君子的立身之道，追求的是周围环境之间的平衡、和谐。如果一个人在反省自己过去的经历时，真的能够做到不愧对任何一个人，那么这样的人在仰望日月青天，俯视大地万物时，就会心胸广阔，对任何事物都无所畏惧，更别提什么羞惭之心了。也正因如此，当年公冶长不愧对他的恩师孔子，东汉范滂也没有辱没母亲的教诲，在他们的心里，拥有如此自信的资本。您这个人，淳朴诚实，淳厚守信，恪守本分，无求于人，可是意外的

灾祸却连连降临。夜晚对影沉思，内心充满了悔恨和不满。这时更应该加深功力，提高修养，发扬美德，不能因此而滋生疑虑，哪怕是稍微改变平时一贯的信念。我在这里滥竽充数，结果也不太好。我恶劣的习性本来就跟不上眼前的形势，而我修行弛缓，也难跻身高明者之列。我只需要做一件事，那就是恪尽职守，做一个独立正直有做事原则的人。希望我能够振作起来，不辜负亲人和朋友对我的期望。而需要我做的，就是倍加小心地去完成这些事情。

【解读】

在曾国藩消灭太平军起义之后，大清朝的主要危险就由太平军起义，转变为曾国藩的湘军。因此这时候曾国藩和湘军就成为朝廷的眼中钉、肉中刺。

在湘军成立之初，其本身只是一个地方武装，从来都未曾有过跨省作战的经验。但是当太平军攻克江北、江南大营之后，咸丰帝令曾国藩的湘军进入湖北抵挡太平军。不过当时的湘军还只是支战斗力很有限的小部队，因此曾国藩以种种理由迟迟不肯进军。可是当湘军达到一定规模，并在平定起义的过程里屡屡得胜的时候，咸丰帝早已察觉出湘军对大清的威胁。据说，当湘军克复武汉时，咸丰皇帝曾仰天长叹道："去了半个洪秀全，来了一个曾国藩。"当时洪秀全的太平天国，已走下坡路。而曾国藩的声威，正是如日中天，两人又都是汉人，难怪咸丰帝有此慨叹。因此，当清廷委任曾国藩出任湖北巡抚时，曾国藩照例向朝廷推辞了一番。而咸丰帝巴不得顺水推舟，直接将曾国藩的巡抚改为"礼部侍郎"。可见当时咸丰帝对曾国藩的猜忌之心是十分重的。而这些曾国藩岂能看不出来？

【原文】

持矫揉之说者，譬杞柳以为桮棬，不知性命，必致戕贼仁义，是理以逆施而不顺矣。高虚无主见者，若浮萍遇于江湖，空谈性命，不复求诸形色，是理以豕恍不顺矣。唯察之以精，私意不自蔽，私欲不自挠，惺惺常存，斯随时见其顺焉。守之以一，以不贰自惕，以不已自循，栗栗唯惧，斯终身无不顺焉。此圣人尽性立命之极，亦即中人复性命之功也夫！

【译文】

主张矫揉造作说法的人，就好似将杞柳树当作用它的枝条编结成的杯盘一样。不懂得本性天命道理的人，必然会残害仁义，使道理按照自己的意愿而颠倒黑白。只会高谈阔论，玄乎其神。但自己根本毫无主见的人，就如同浮萍漂泊在江河湖海中。只是浮泛地论述本性、天命的学问，却不探求事物外在的形状和内在的神色，这种学问实际上是模糊不清、不够通顺的。只有体察精细微妙，不隐蔽自己的意图，不放纵自己的欲望，清醒与机智常存心底，这样的人才会随时都行事顺利。做人要懂得专一的可贵，告诫自己要忠贞不贰，并遵循自己所定下来的行为准则做事。时刻警惕自己一丝的疏漏和失误。只有这样做，这辈子你才能走得更顺利。这也是那些圣贤之人发挥本性、安身立命的最高境界，同时也是普通人恢复本性，处事立命的不二法则。

【解读】

清军的江南大营被太平军再度摧毁后,清朝的绿营战队基本土崩瓦解,长江以南已再没有能与太平军抗衡的政府武装。因此,清政府不得不启用曾国藩,希望利用曾国藩以及他的湘军来剿灭太平军。然而"狡兔死,走狗烹;飞鸟尽,良弓藏",这几乎是历代名将最终逃脱不了的归宿和结局。

太平军是被镇压了,但是随即朝廷里就有很多大臣捏造湘军的罪状,希望将湘军一网打尽。曾国藩的功劳不仅让咸丰寝食难安,更是让那些满族大臣既嫉妒又怀恨,恨不得将曾家兄弟置之死地而后快。而老谋深算的曾国藩,在功成名就之后,并没有迷恋权力的欲望。他宁肯失去所有的权利,也绝不去图那个虚名。

荷道篇

【原文】

　　文章之道，以气象、光明、俊伟为最难而可贵。如久雨初晴，登高山而望旷野；如楼俯大江，独坐明窗净几之下，而可以远眺；如英雄侠士，裼裘而来，绝无龌龊、猥鄙之态。此三者皆光明俊伟之象，文中有此气象者，大抵得于天授，不尽关乎学术。自孟子、韩子而外，唯贾生及陆敬舆、苏子瞻得此气象最多，阳明之文亦有光明、俊伟之象，虽辞旨不甚渊雅，而其轩爽洞达，如与晓事人语，表里粲然，中边俱彻，固自不可几及也。

【译文】

　　写作文章的意境，气势宏伟广阔、境界明朗雄俊是最难达到的，也是最为可贵的。就如同连绵数日的淫雨停止，天空也是刚刚放晴，这时候去登高望远，看着那一望无垠的田野，感觉心旷神怡、气象万千的那种美的感觉。再比如又像是登上高楼俯临浩渺的大江，独自一人坐在明亮的窗台下，在洁净的茶几旁悠然远眺，可以看见水天交接、横无际涯的壮阔美景。又如豪侠

英杰之士，身穿狐白裘衣，英姿雄发，飘然出尘而至，丝毫没有卑下、龌龊的污浊之色。这三者都是光明、俊伟的气象，为文如果能达到这种境界者，基本上得益于天赋，与人后天努力学习没太大关系。除了孟子、韩愈外，只有汉代的贾谊、唐代的陆贽、宋代的苏轼，仅此几位的文章中，才能找到这种感觉。明代的王守仁，他的文章也有光英明朗、宏伟雄俊的气势，虽然在立意方面显得不是那么高远风雅。不过总的读起来，感觉他文章的形式与内容还是浑然一体，通畅明快的。看他的诗，就如同是和知书达理的人谈话一样，文章里的言辞和内容都很华美，中心和铺陈相得益彰，能将文章写到这样的程度已经是非常不易了。

【解读】

曾国藩研究文章方面，他主张写文章的思路可以更广一些，文章在立意的时候，也可以更高一些。像意义宽广，济世载道的文章是曾国藩比较欣赏的风格。相反，那些无病呻吟的文章，曾国藩则不屑一顾。他认为，大凡作文赋诗，应在真挚的感情达到了极点，不吐不快的时候。如果你有了这种不吐不快的压力，就表示你已经到了可以作文赋诗的时候了。若想达到这种不吐不快的境地，一定要在平时注重情感与材料的积累。这样在写作时，才会文思泉涌。而这样的文章里所讲的道理，才足以表达作者心中的至真、至正之情。假如平常不注重情感与经验的积累，那么到了写文章的时候，即便心里有真挚的感情想要抒发，也会由于理念方面的不足，与之无法匹配，不得不临时搜寻理念和思想，而思想和理念又怎么可能在短时间内就找到呢？无奈之下，作者就会想法在用词上下文章。他们会尽量将自己的用词写得优美一点，以求这样的方式来弥补自己理论上的不足，从而达到吸引读者的目的。不过这样写出来的文章不仅会给读者虚伪做作的感觉，而且随着时间的推移，作者会感到越来越吃力，最后所谓"修辞立诚"的精神也就荡然无存了。

【原文】

古人绝大事业,恒以精心敬慎出之。以区区蜀汉一隅,而欲出师关中,北伐曹魏,其志愿之宏大,事势之艰危,亦古今所罕见。而此文不言其艰巨,但言志气宜恢宏,刑赏宜平允,君宜以亲贤纳言为务,臣宜以讨贼进谏为职而已。故知不朽之文,必自襟度远大、思虑精微始也。

【译文】

古人在谋求天下大绩时,常常秉着专心一致,兢兢业业的态度来对待。比如三国时期的诸葛亮,他凭借着区区的蜀国汉中这么一小块地盘,却能多次主动出兵,讨伐北方强大的魏国。其果敢的做事风格、处事不惊的魄力,那是从古至今都极其少有的人才。可是当我们欣赏他的《出师表》这篇文章时,我们发现文章里没有谈事务的艰巨,只说志气应该恢宏、赏罚应该公允,为君者应当亲近贤人、从善如流,为臣者应当讨奸除恶,辅保社稷,这些都是国家的臣子所应该尽的义务。由此可以推知,那些传于后世的大作,都是那些胸襟远大的作者,经过精密思虑而成的结果呀。

【解读】

曾国藩认为,一篇文章的好坏,完全取决于作者是处于什么样的境界。掌握自然大道的作者,写出来的文章一定是醇厚深沉,令人回味。孟轲就是这样的人。掌握大道较少的人,所写出来的文章也一定是浅薄得很。曾国藩还认为,文章的气势与遣词、与造句有着密切的联系。写文章以行文的气势

为上，造句次上，选字又次之。可是这三者的联系又非常紧密。如果文章的用字不古雅，则用句必不古雅。如果用句不古雅，则文章的气势也不会古雅。同时，字不雄奇则句子也不会雄奇，句不雄奇则气势也不会雄奇。文章的雄奇之妙，从大的方面看，一篇文章的好坏，关键在于是否有气势；但是从细节着眼，文章的用词用字又决定了文章是否精当，下笔是否巧妙。这就是曾国藩古文做法的要点。

参考文献

[1] 司马哲解译. 挺经的智慧：曾国藩守身用世的大谋略 [M]. 长安出版社发行部，2005

[2] 李志强编著. 曾国藩挺经大全集 [M]. 新世界出版社，2012

[3] 曾国藩著，史东梅. 挺经 [M]. 云南人民出版社，2011

[4] 陈才俊著. 挺经全集 [M]. 海潮出版社，2011

[5] 曾国藩著，李古寅、张蕾主编. 败经 [M]. 中国文史出版社，2010

[6] 李古寅. 败经 [M]. 中国戏剧出版社，1999

[7] 曾国藩著. 挺经 [M]. 哈尔滨出版社，2011

[8] 程林著. 曾国藩全集 [M]. 北京燕山出版社，2012